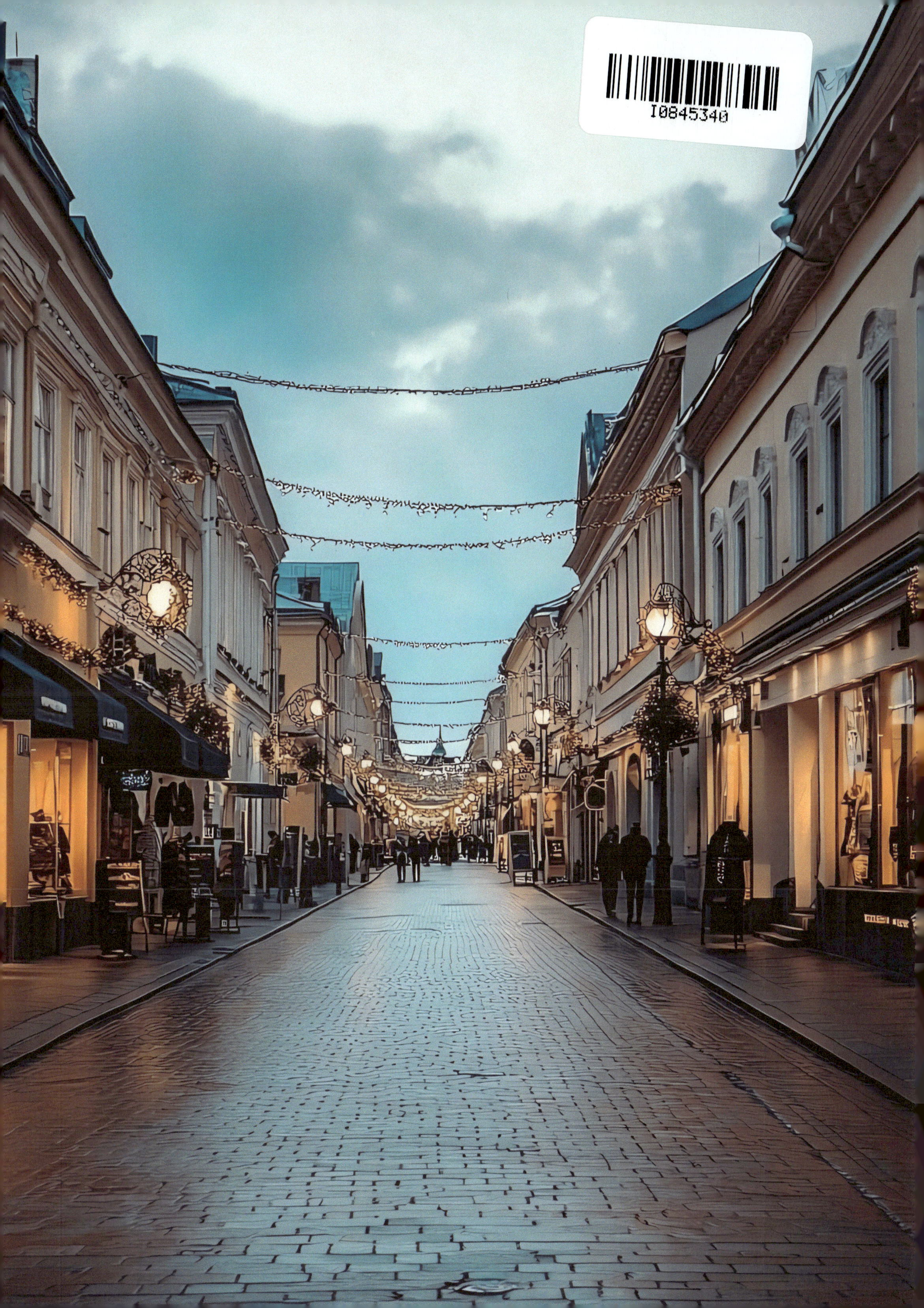
I0845340

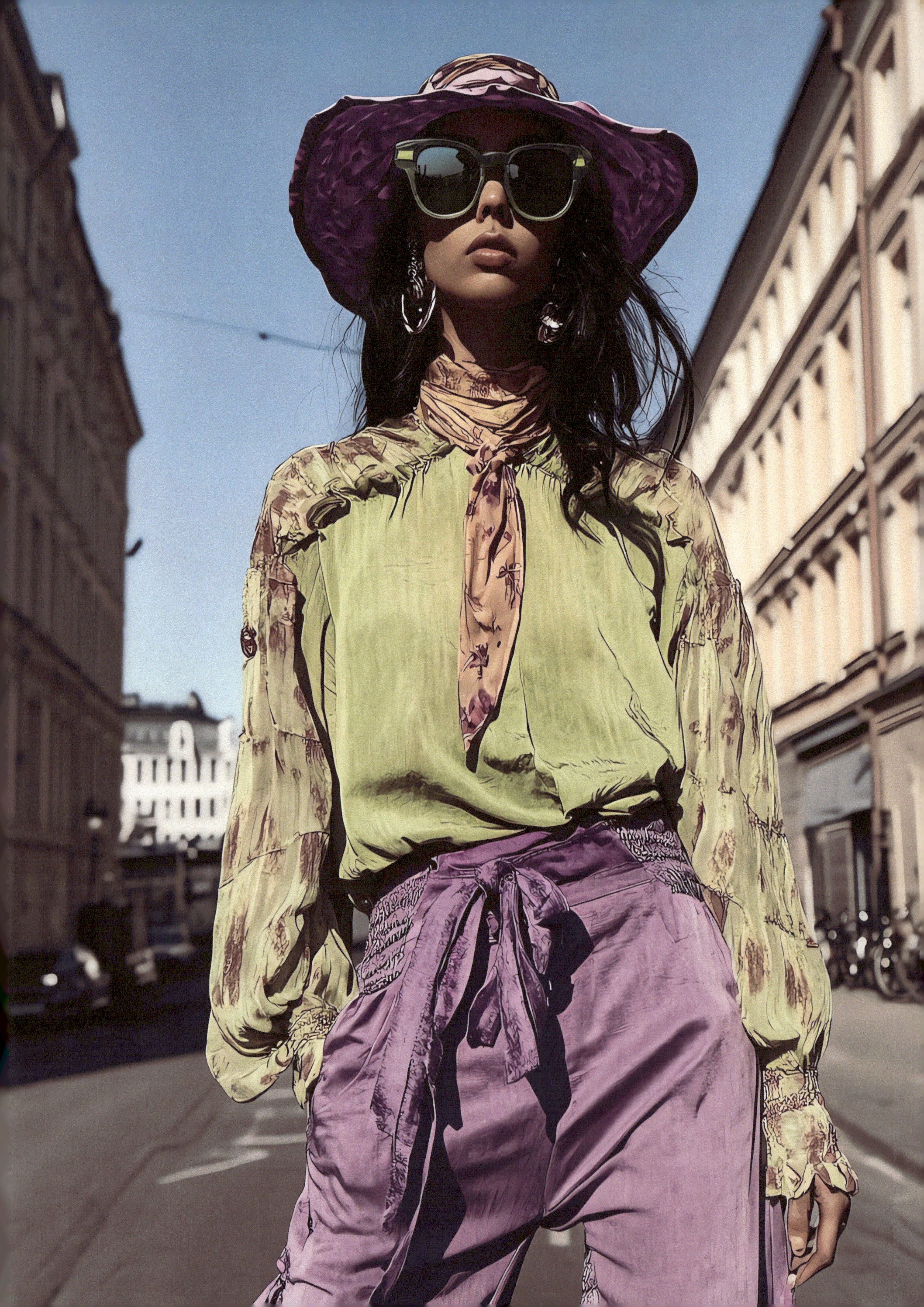

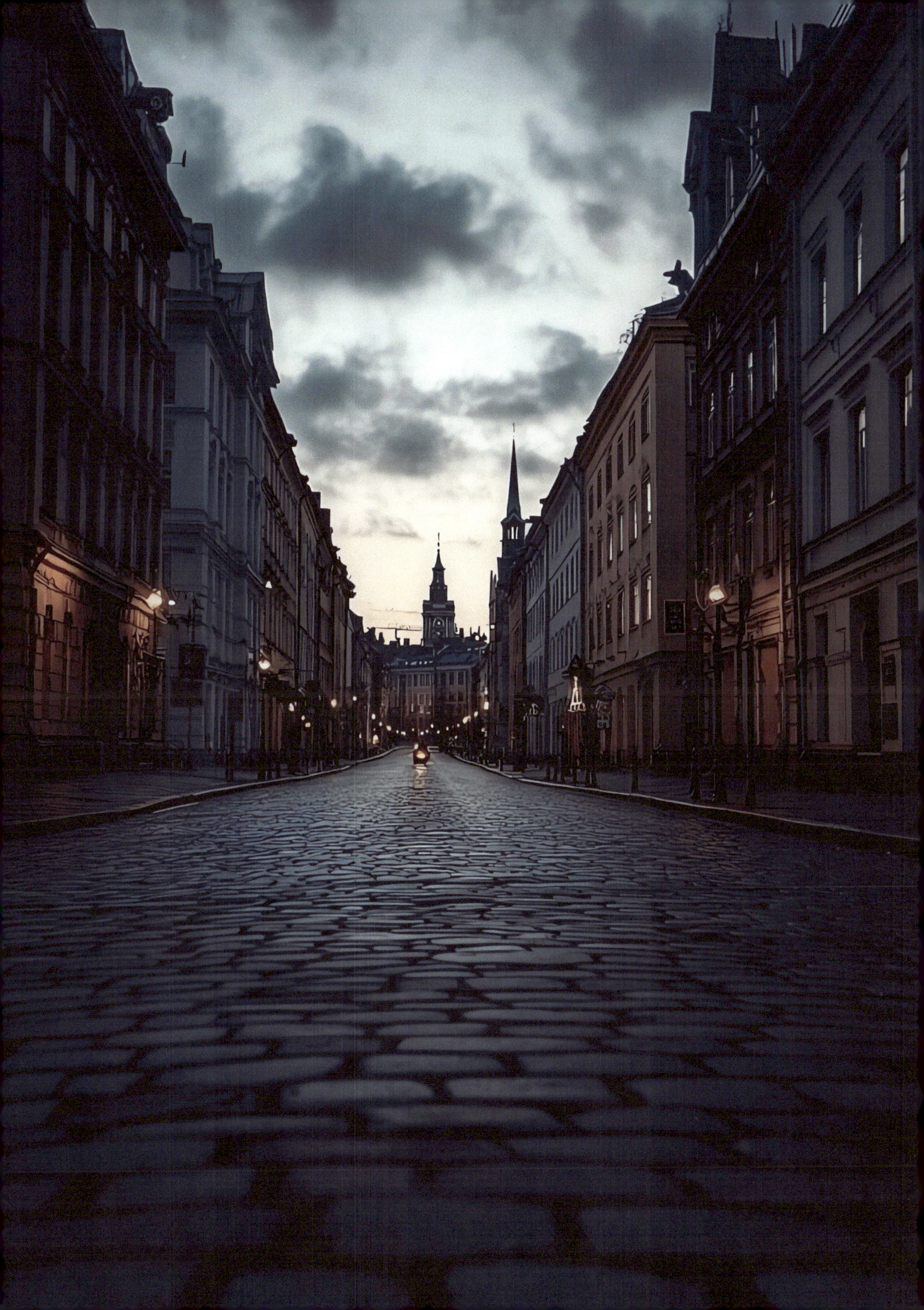

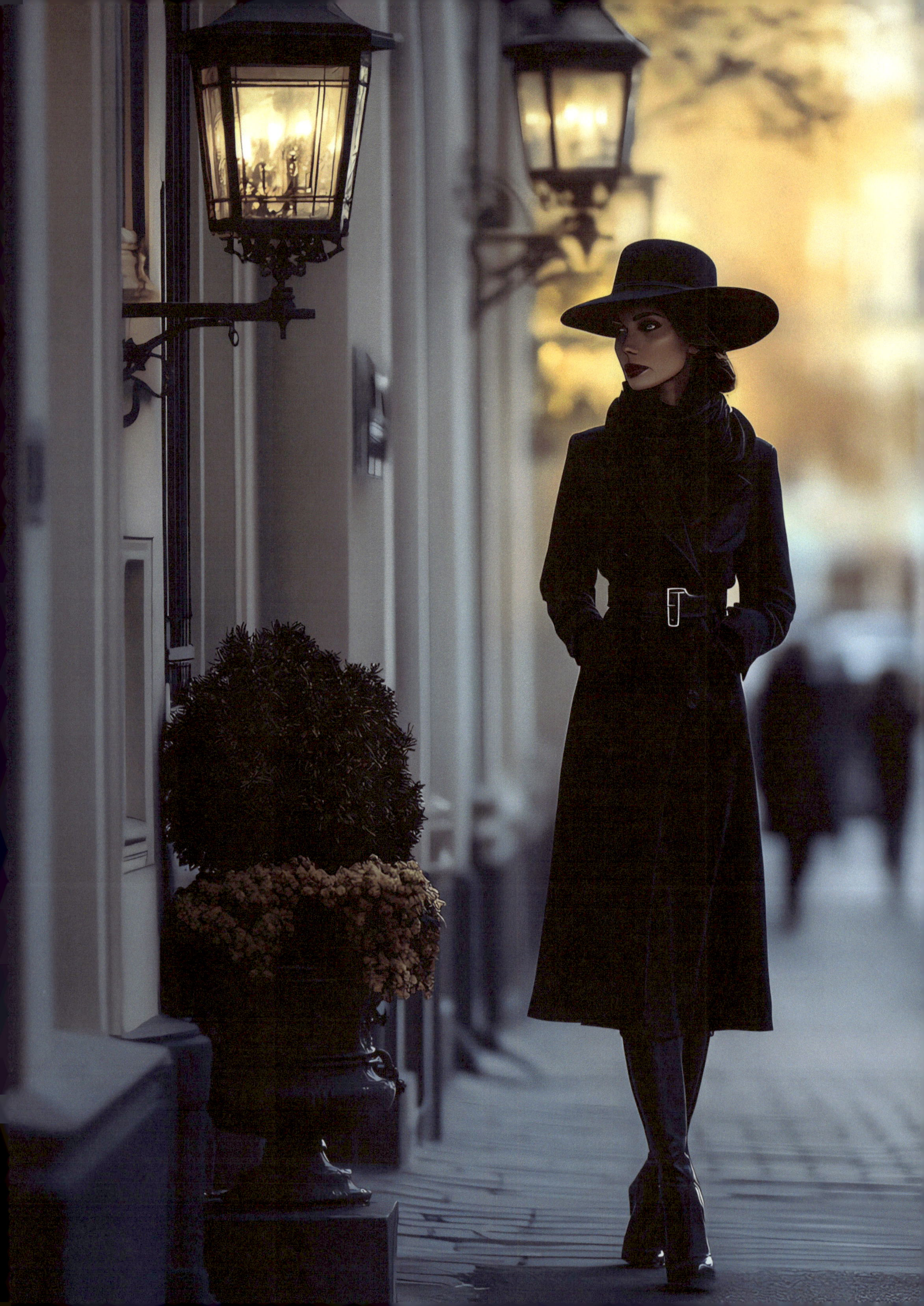

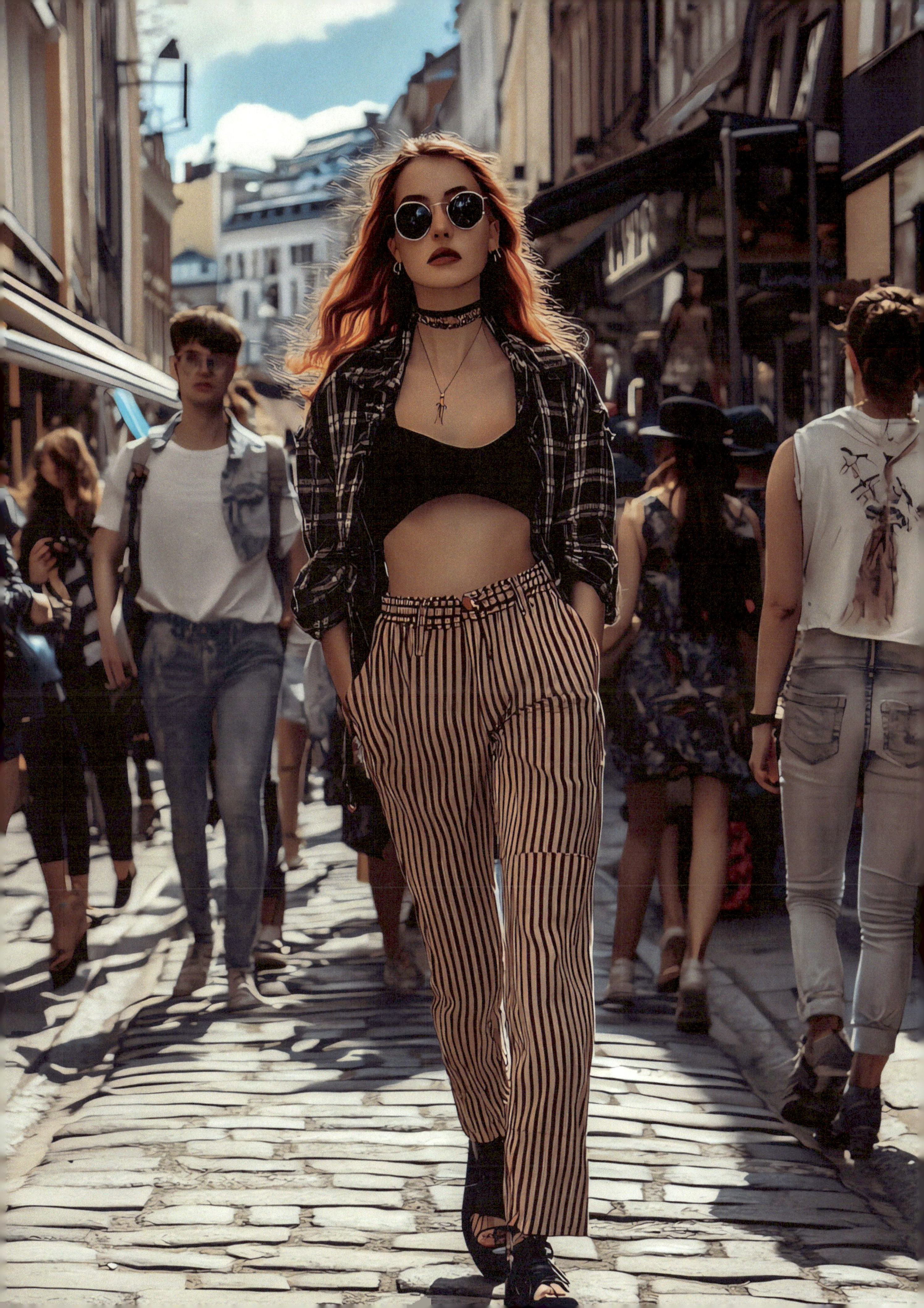

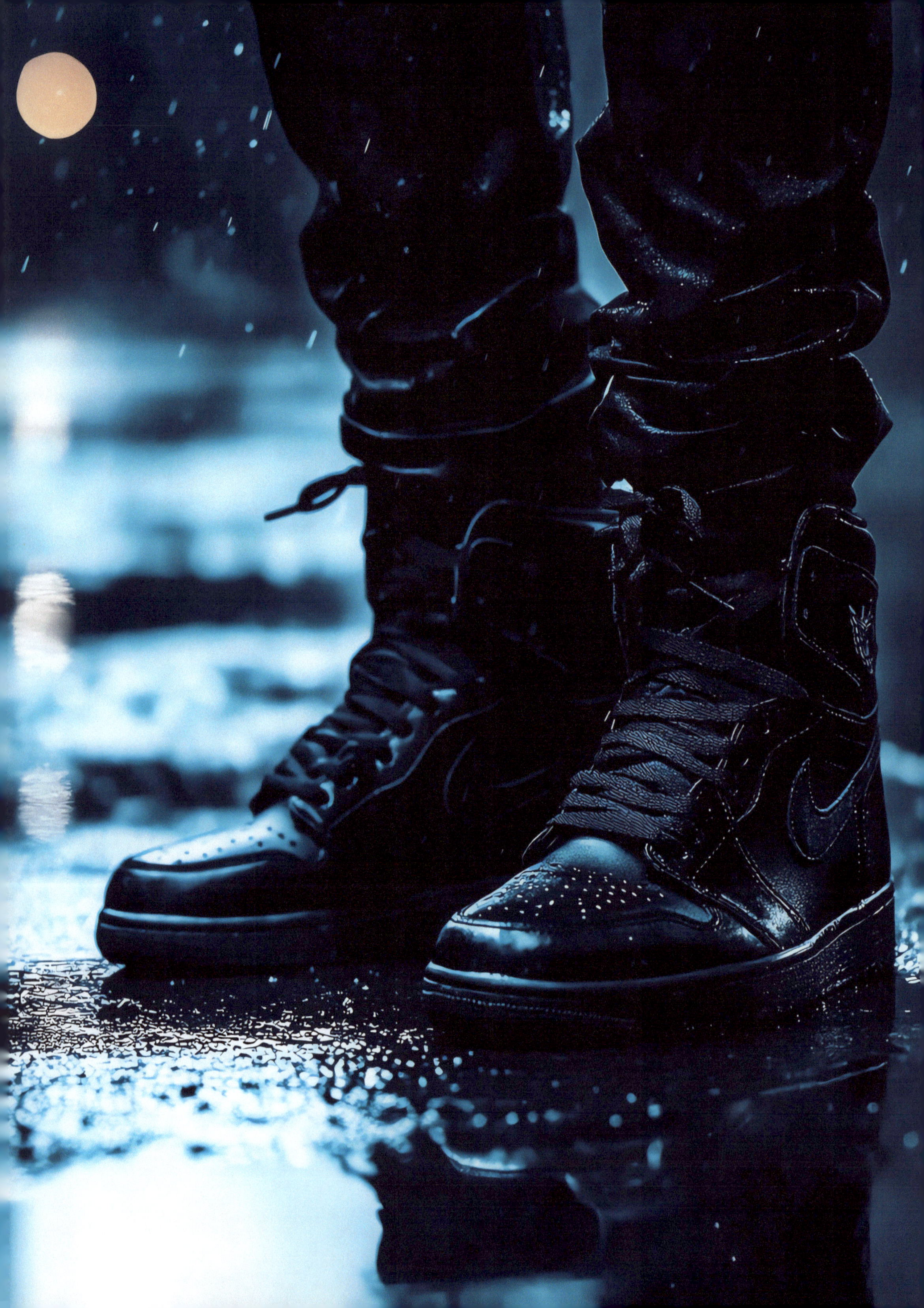

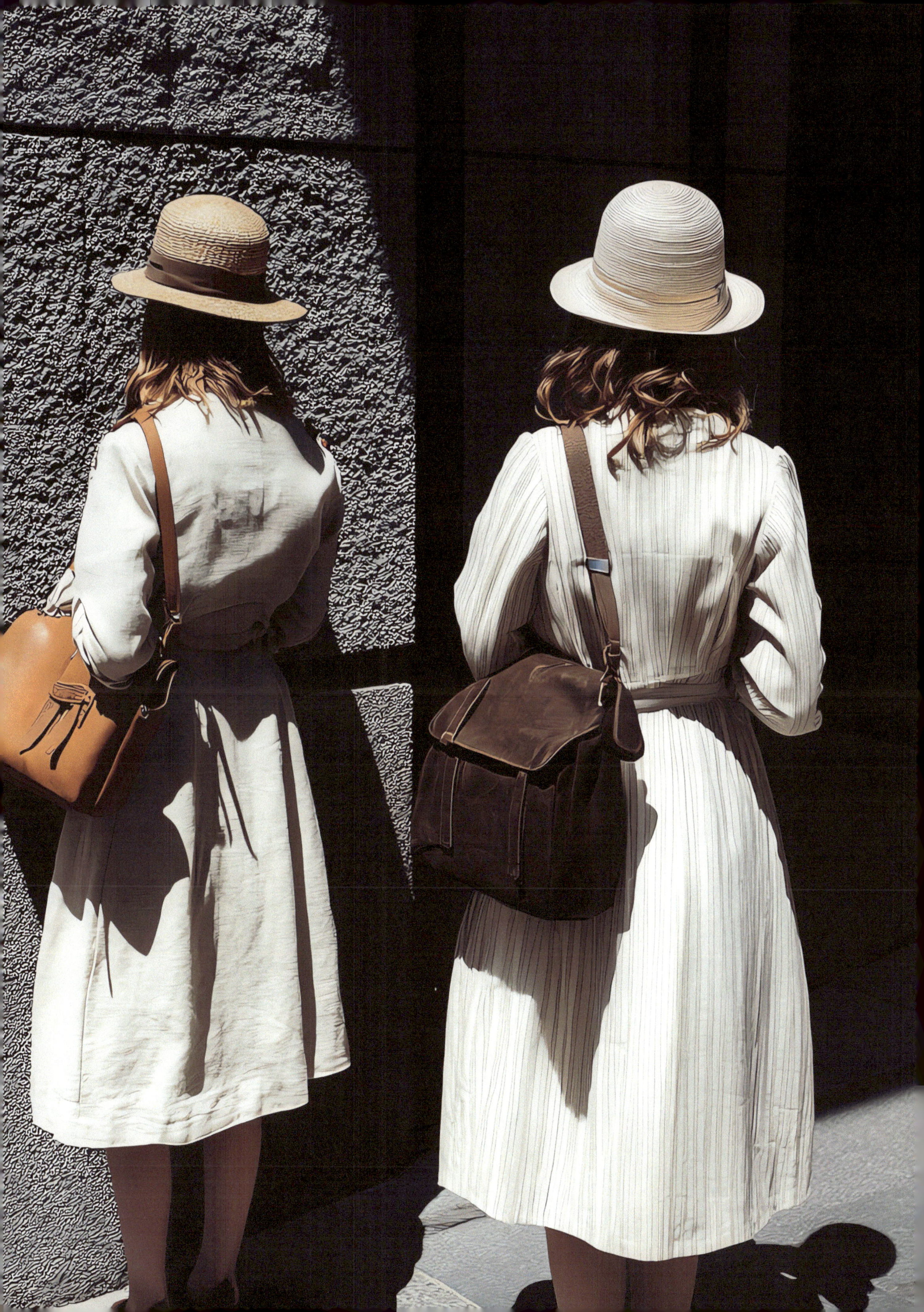

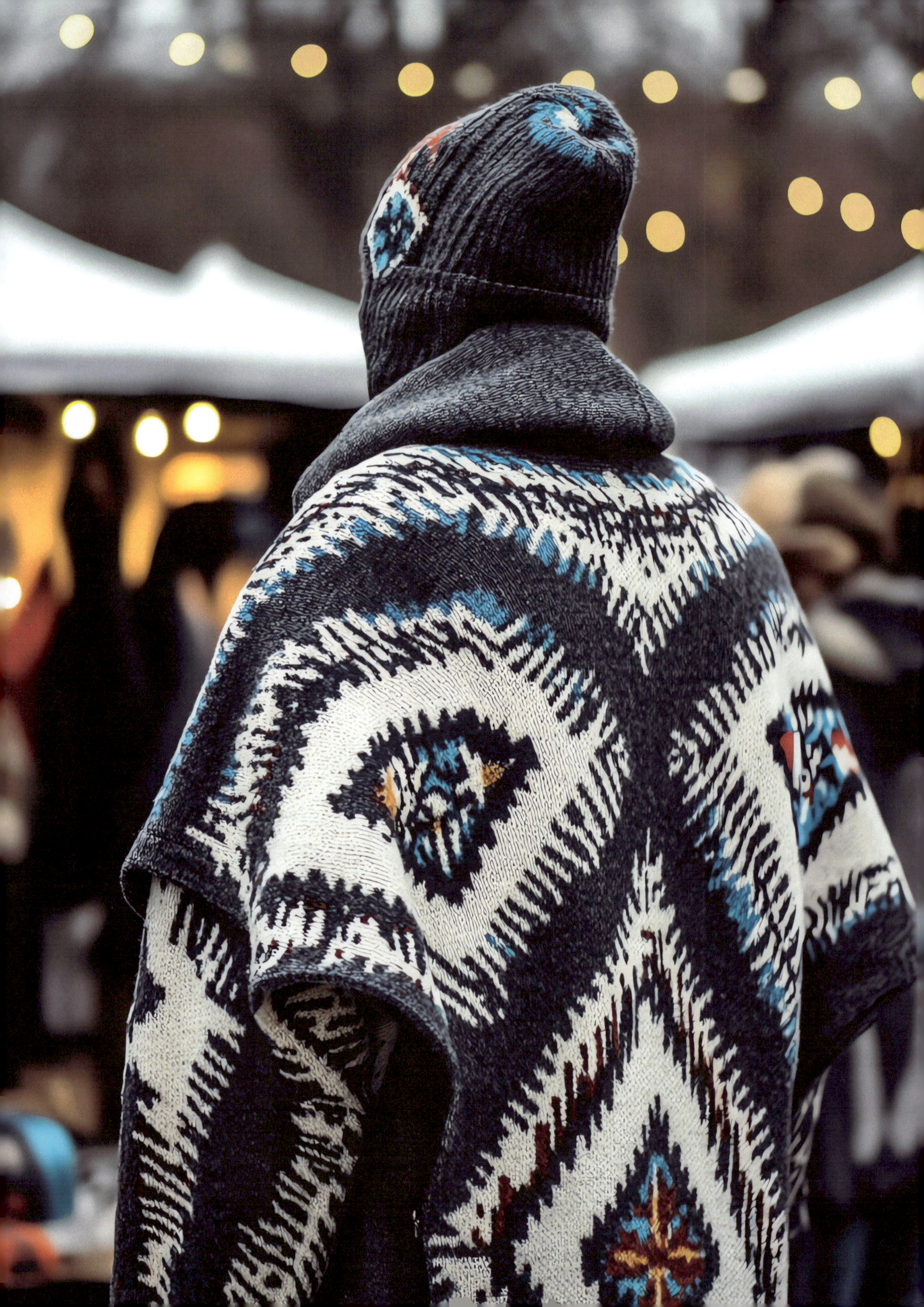

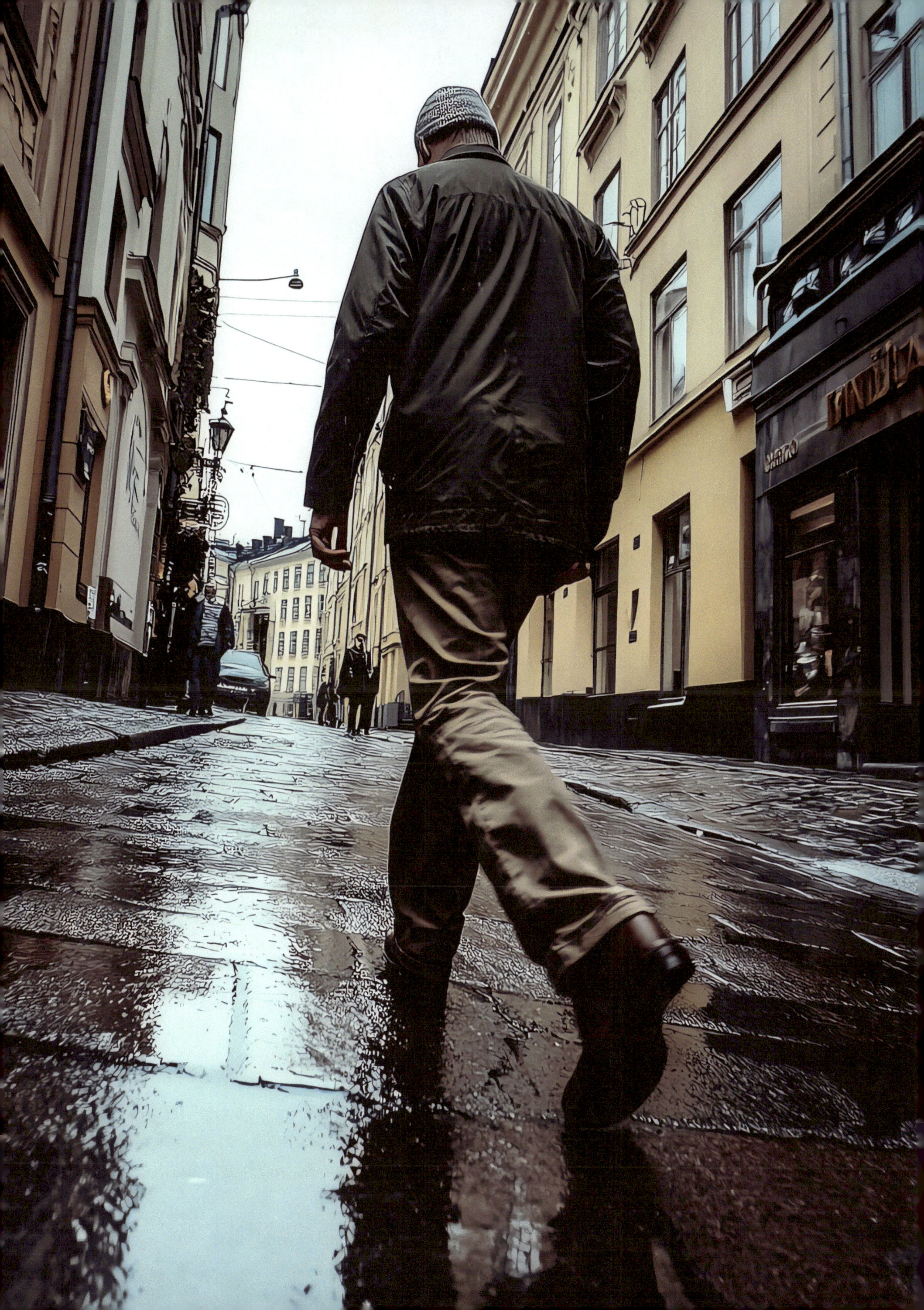

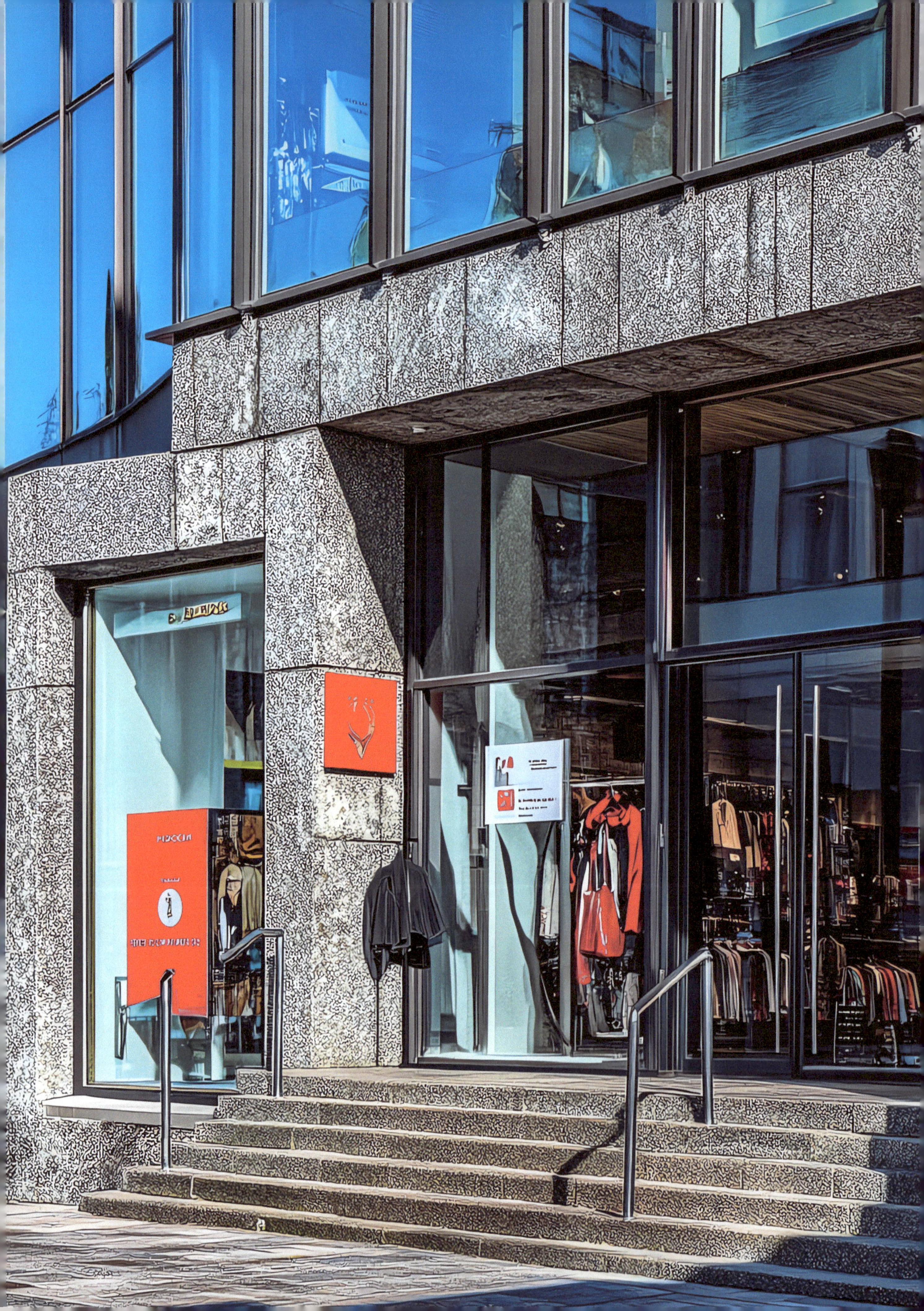

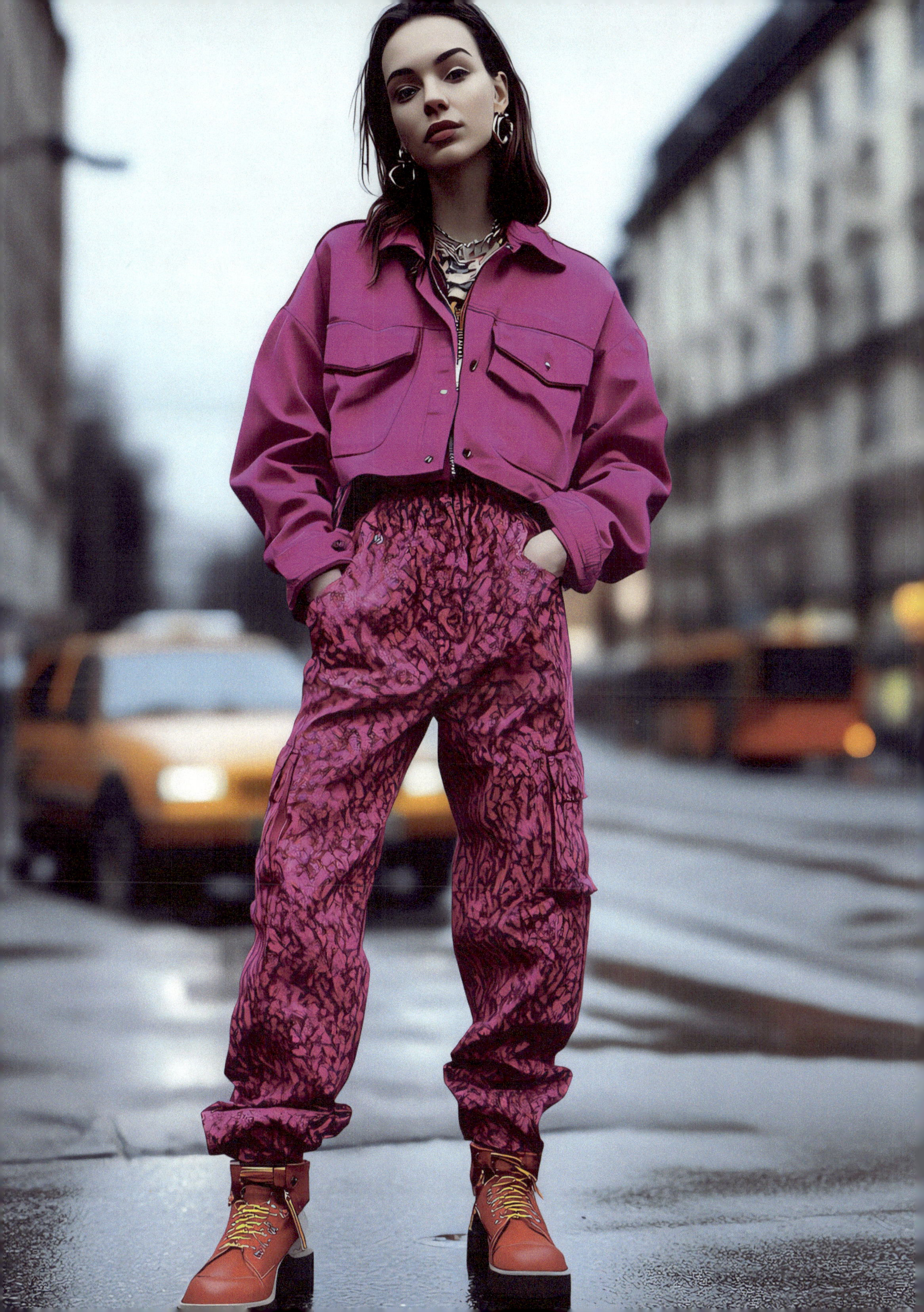

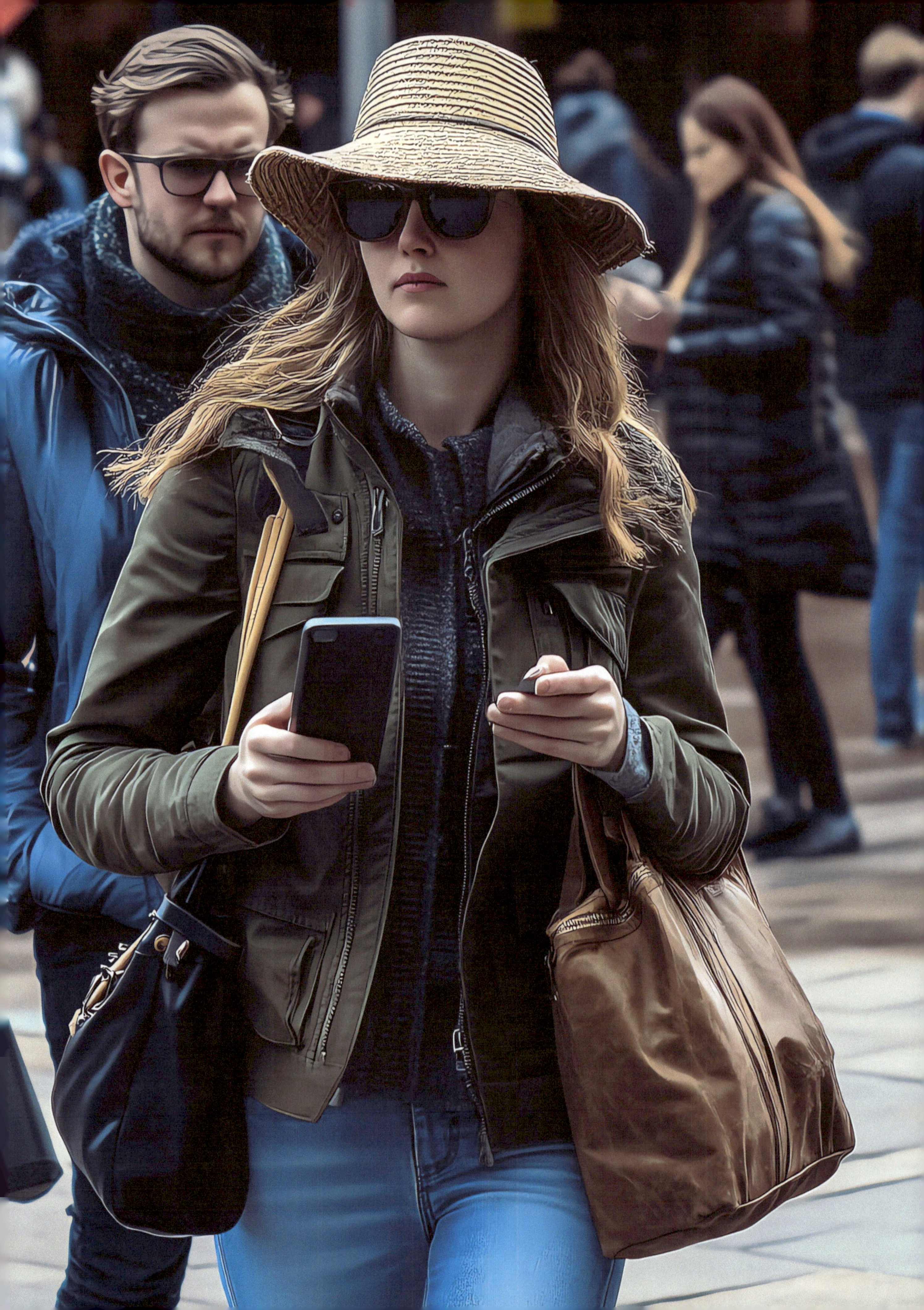

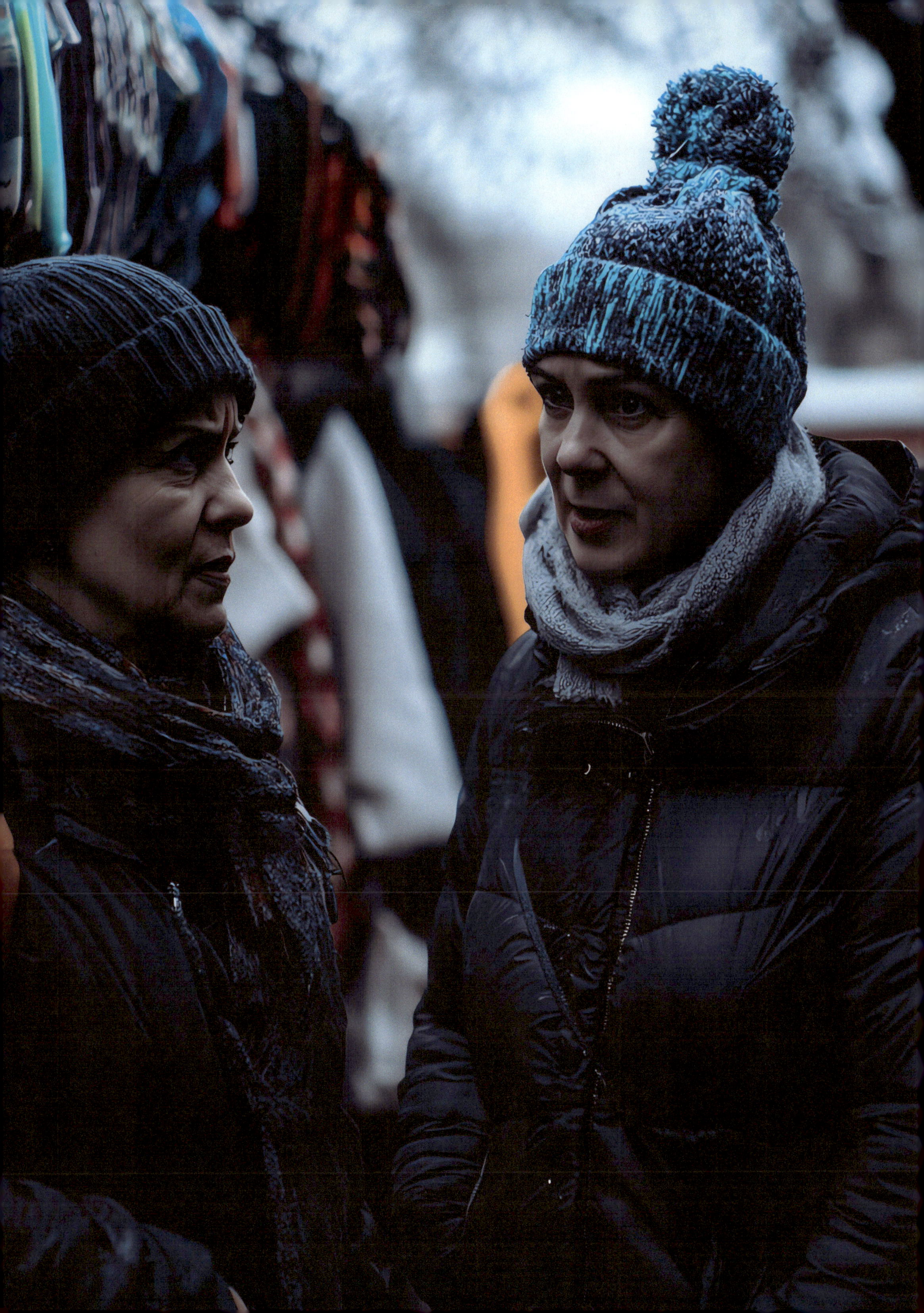

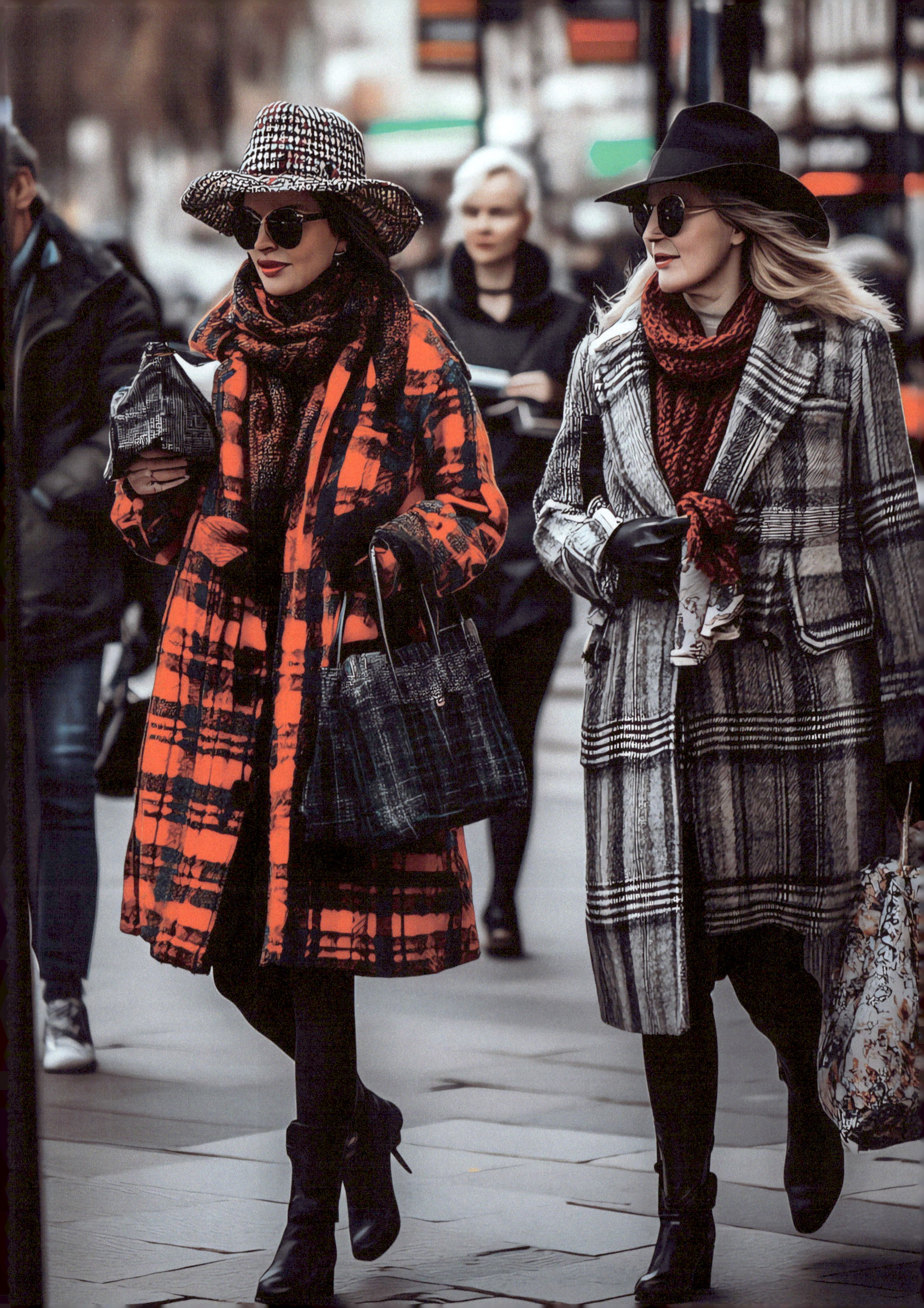

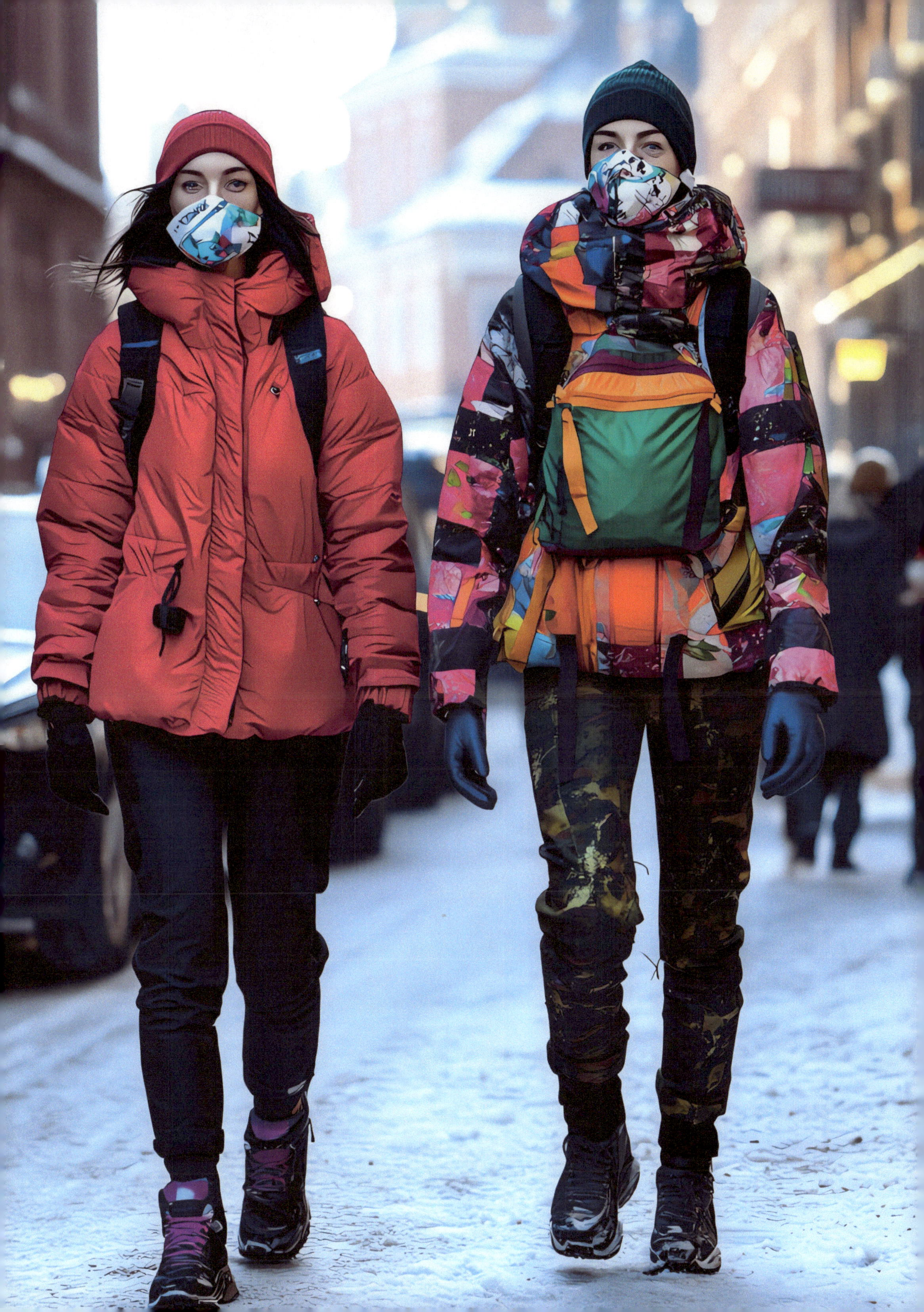

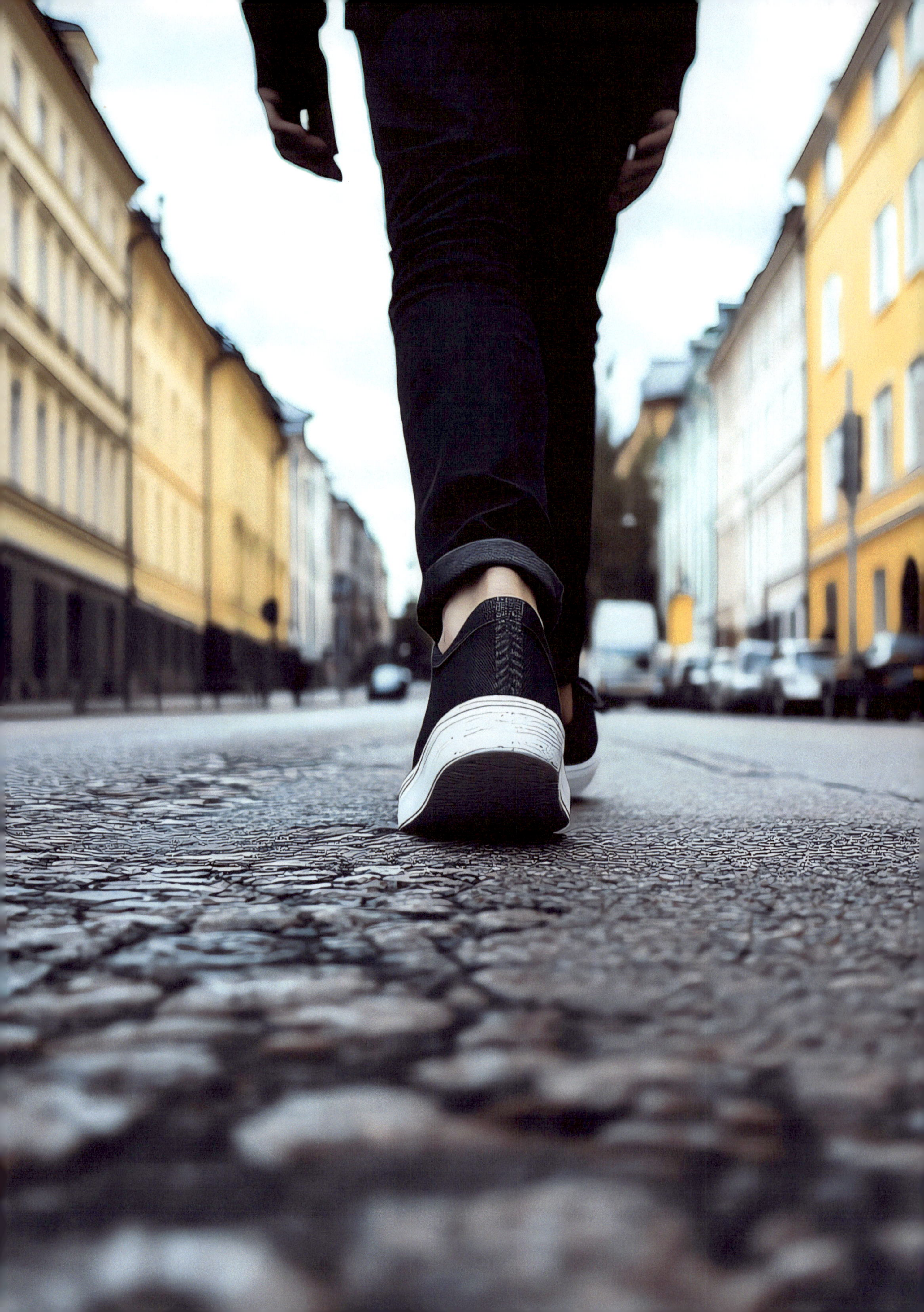

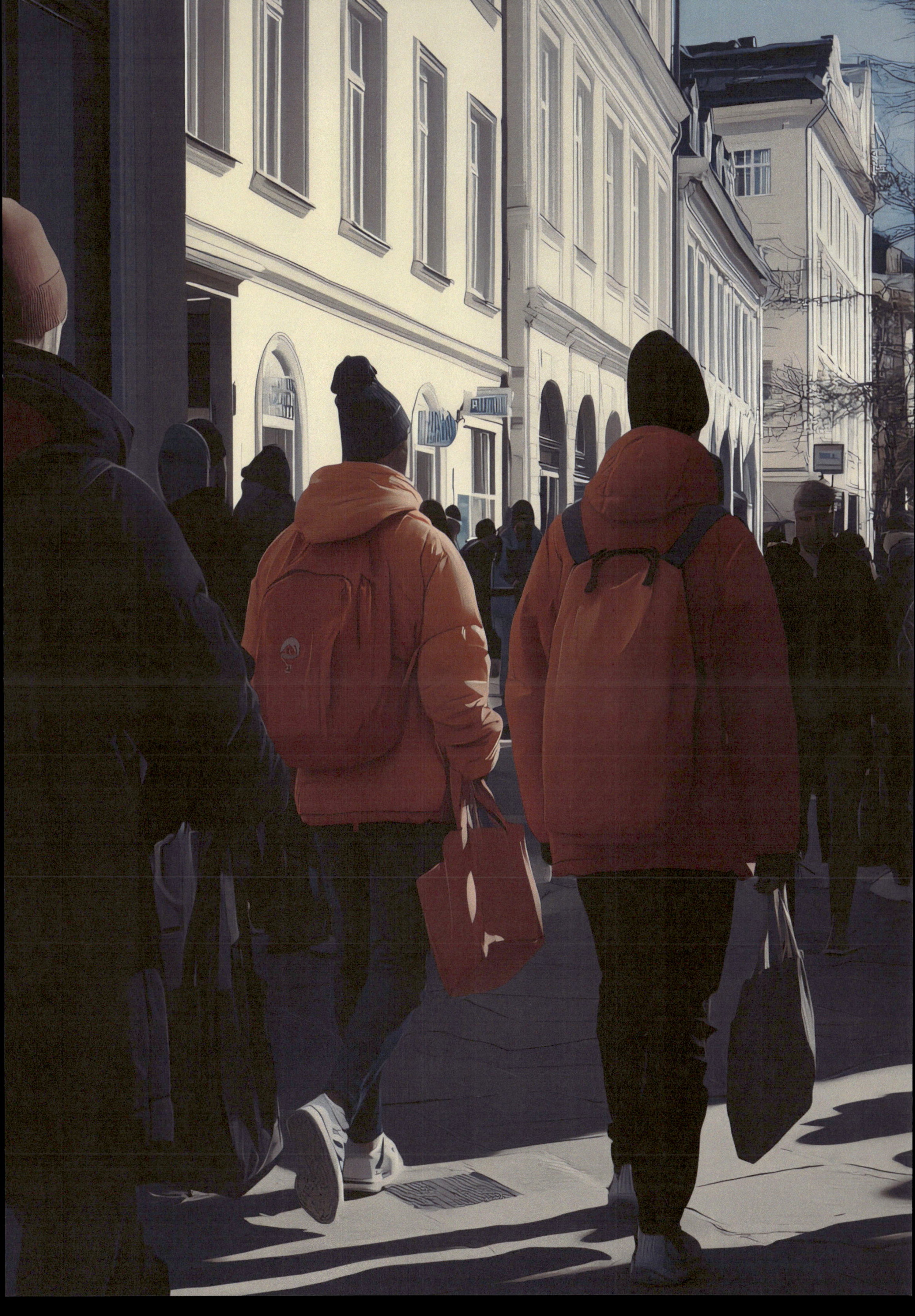

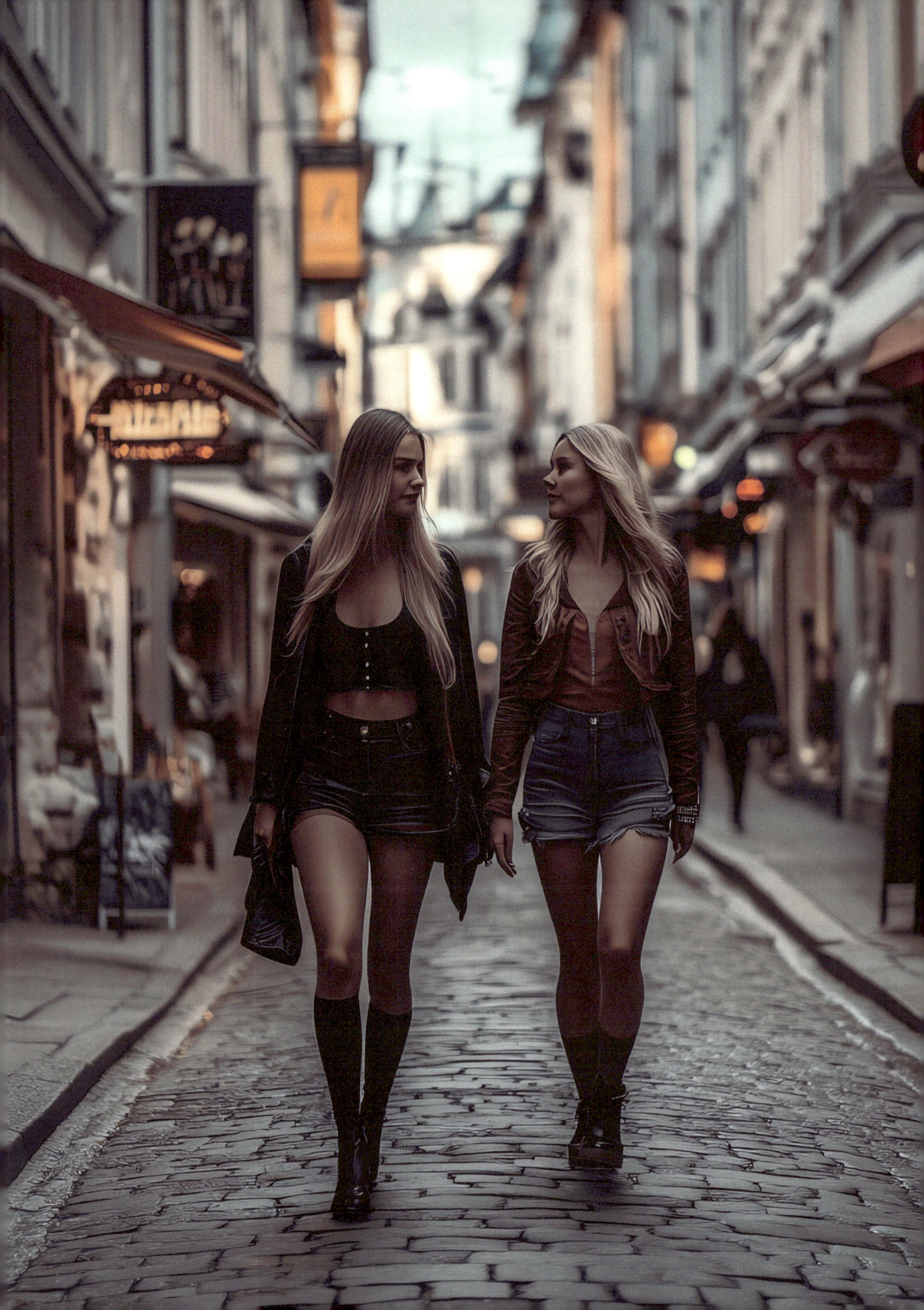

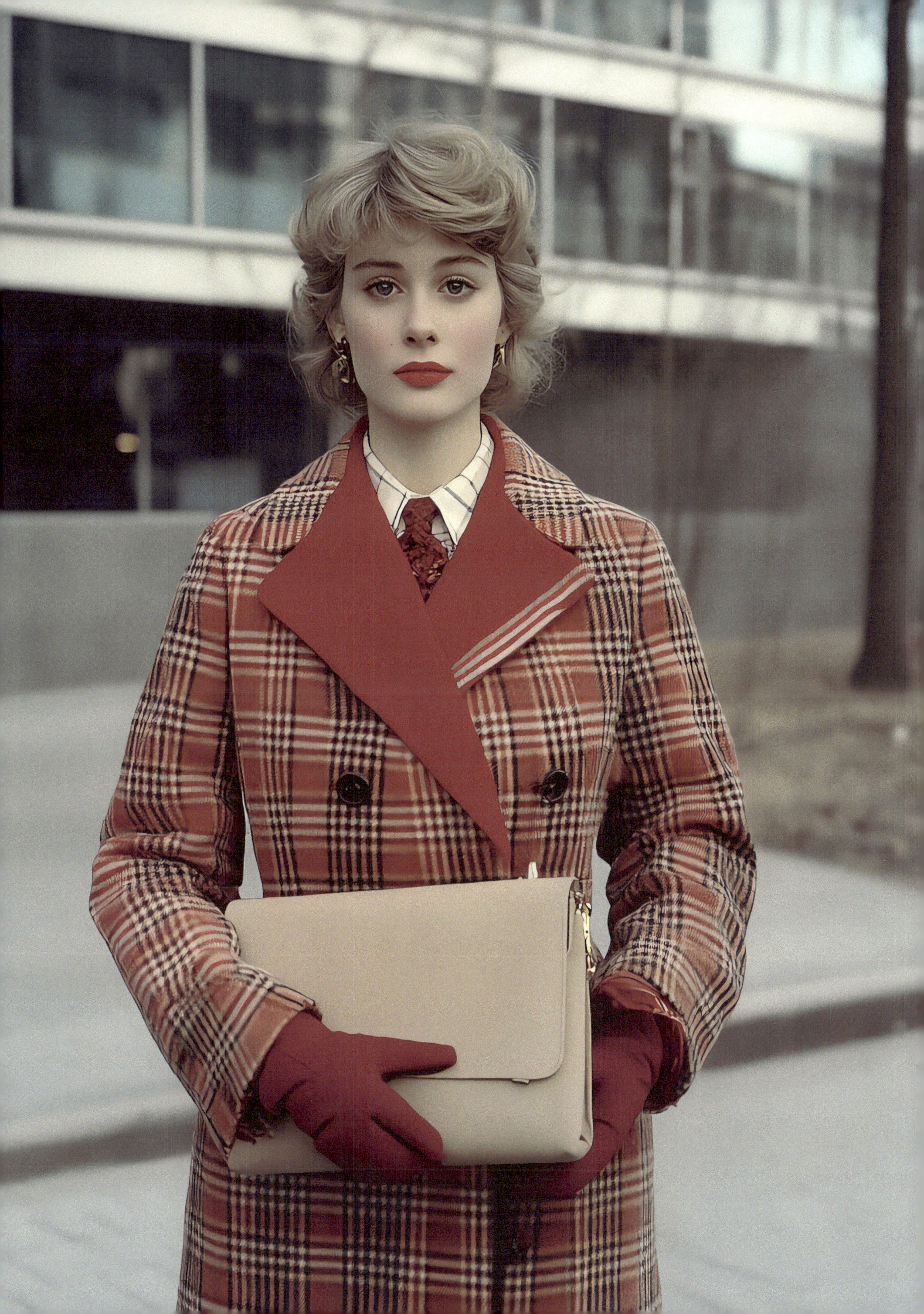

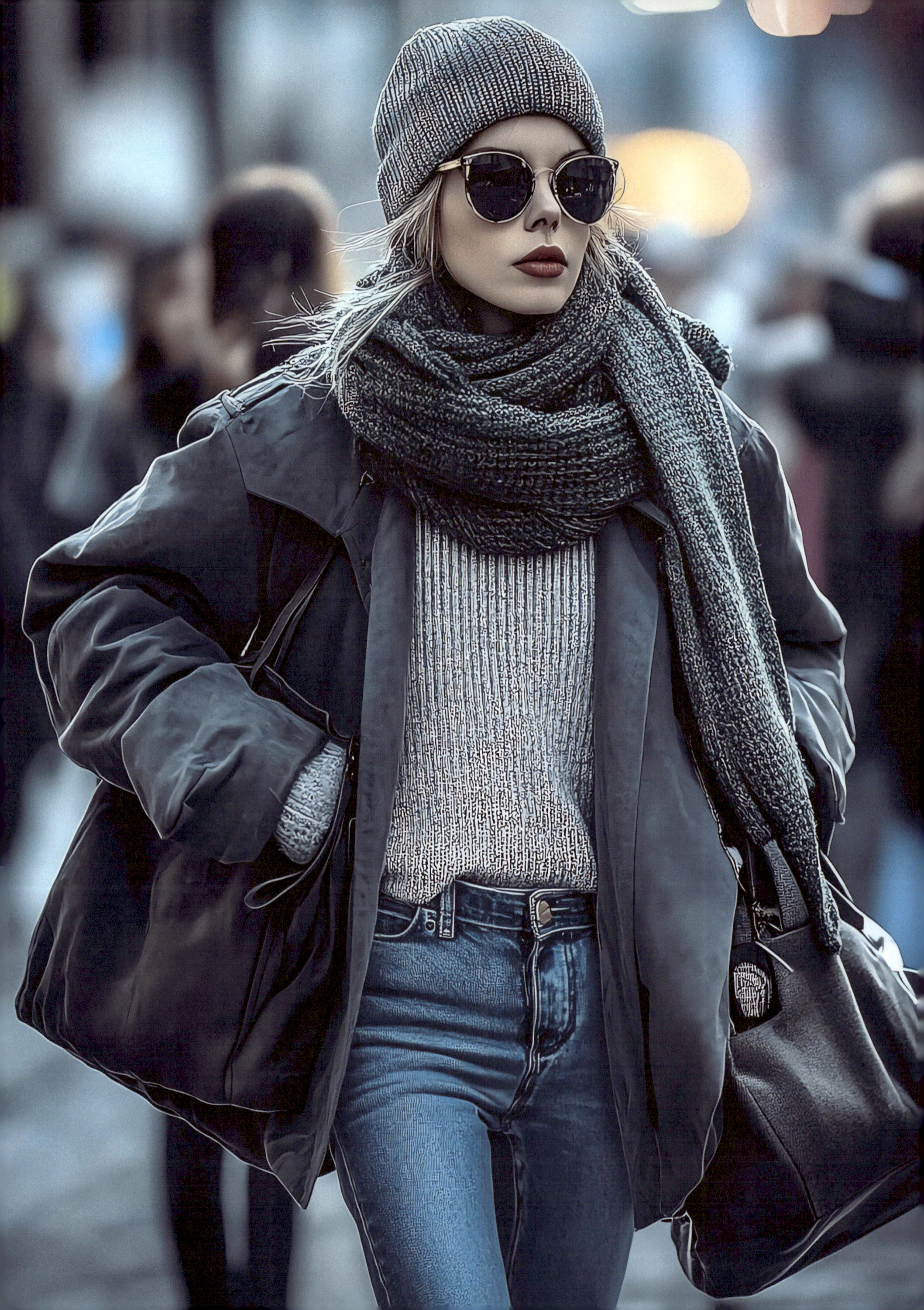

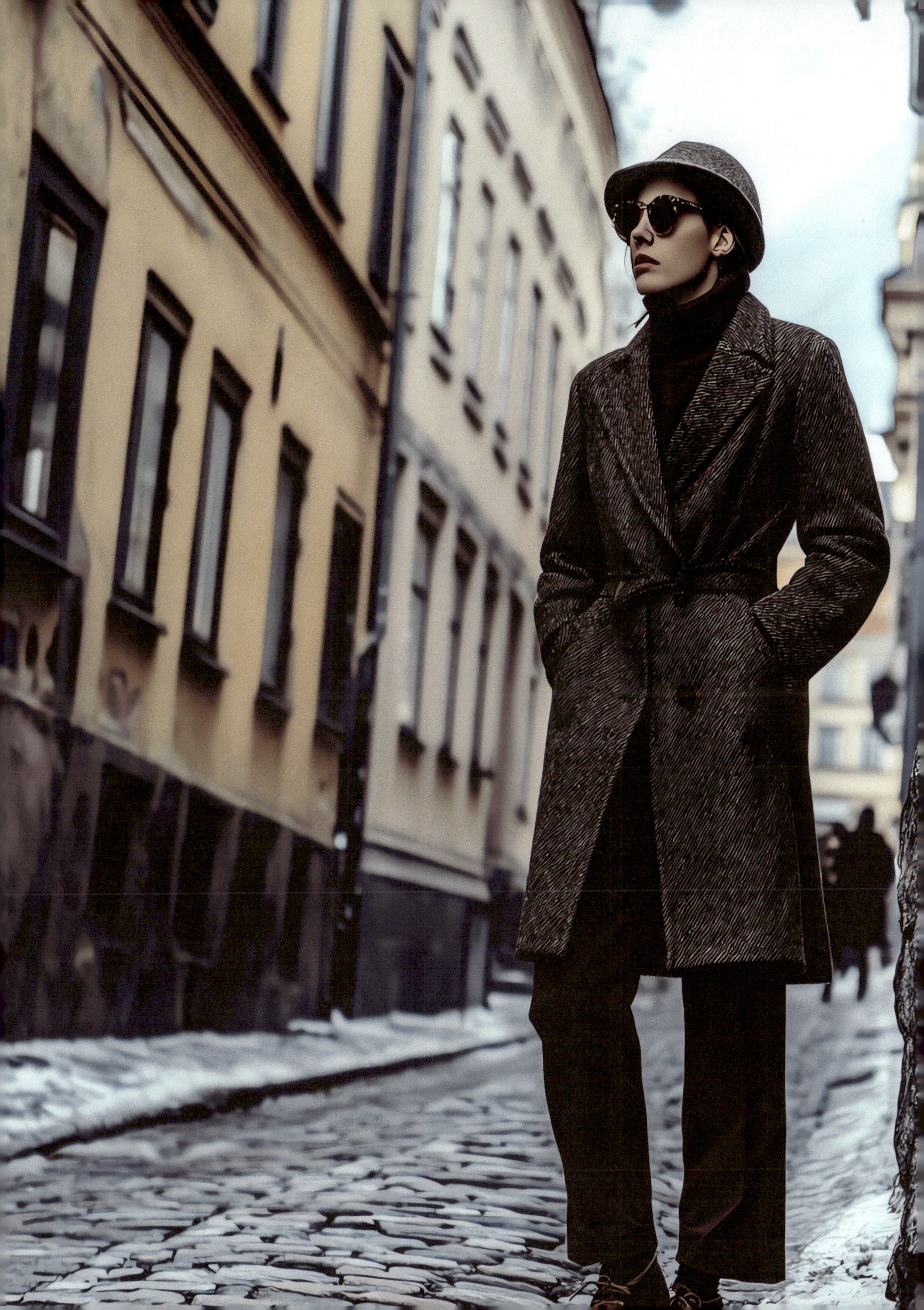

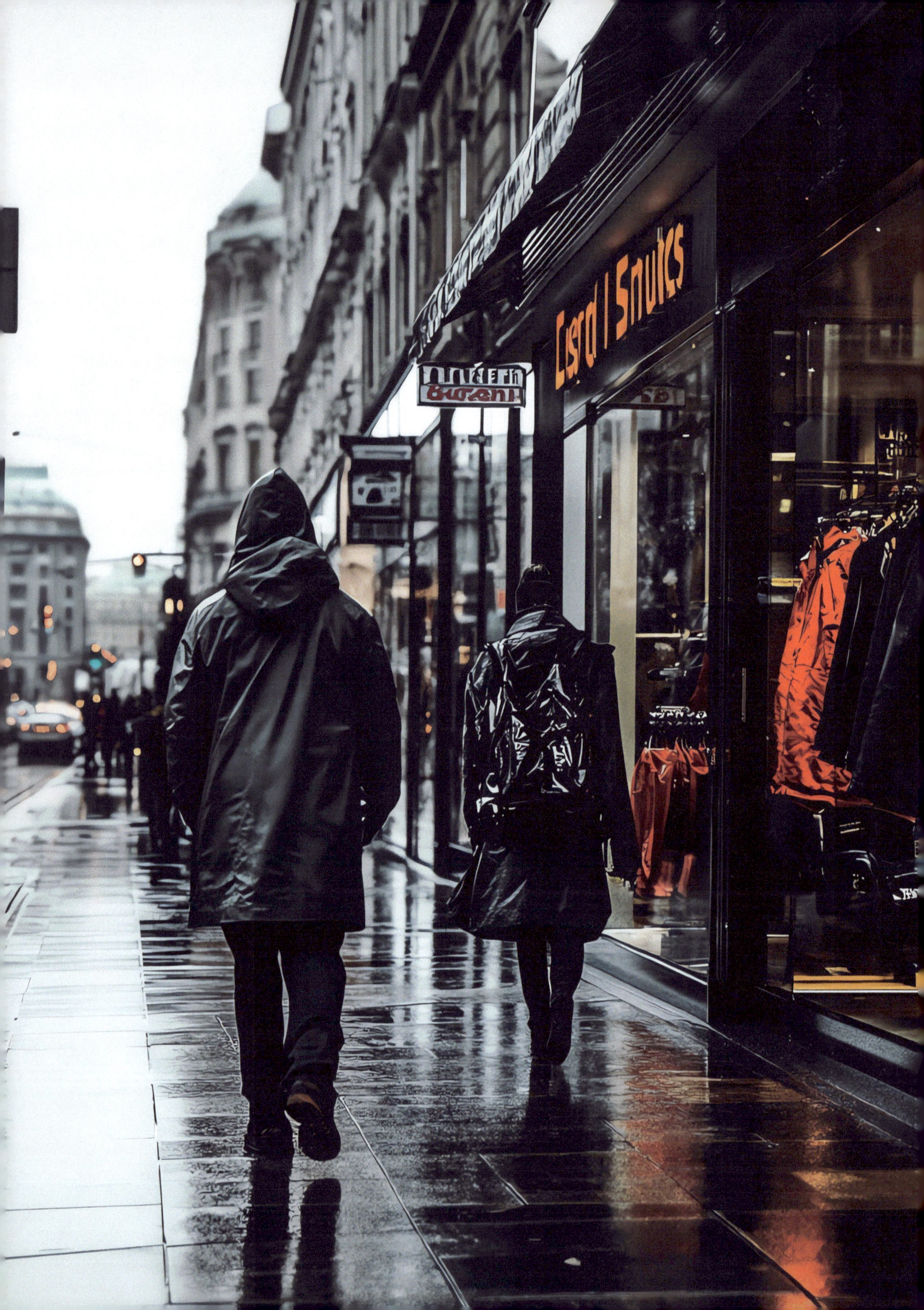

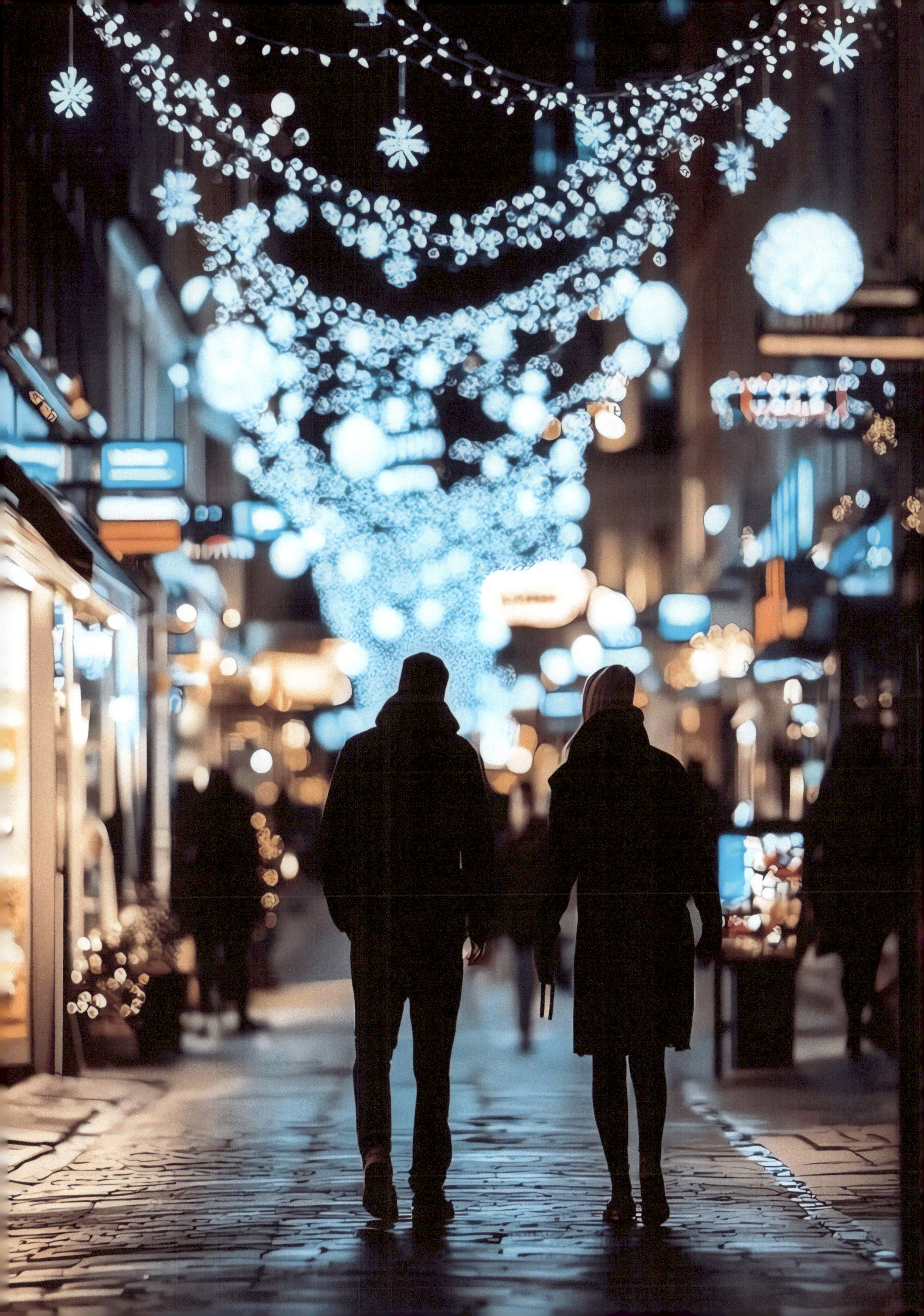

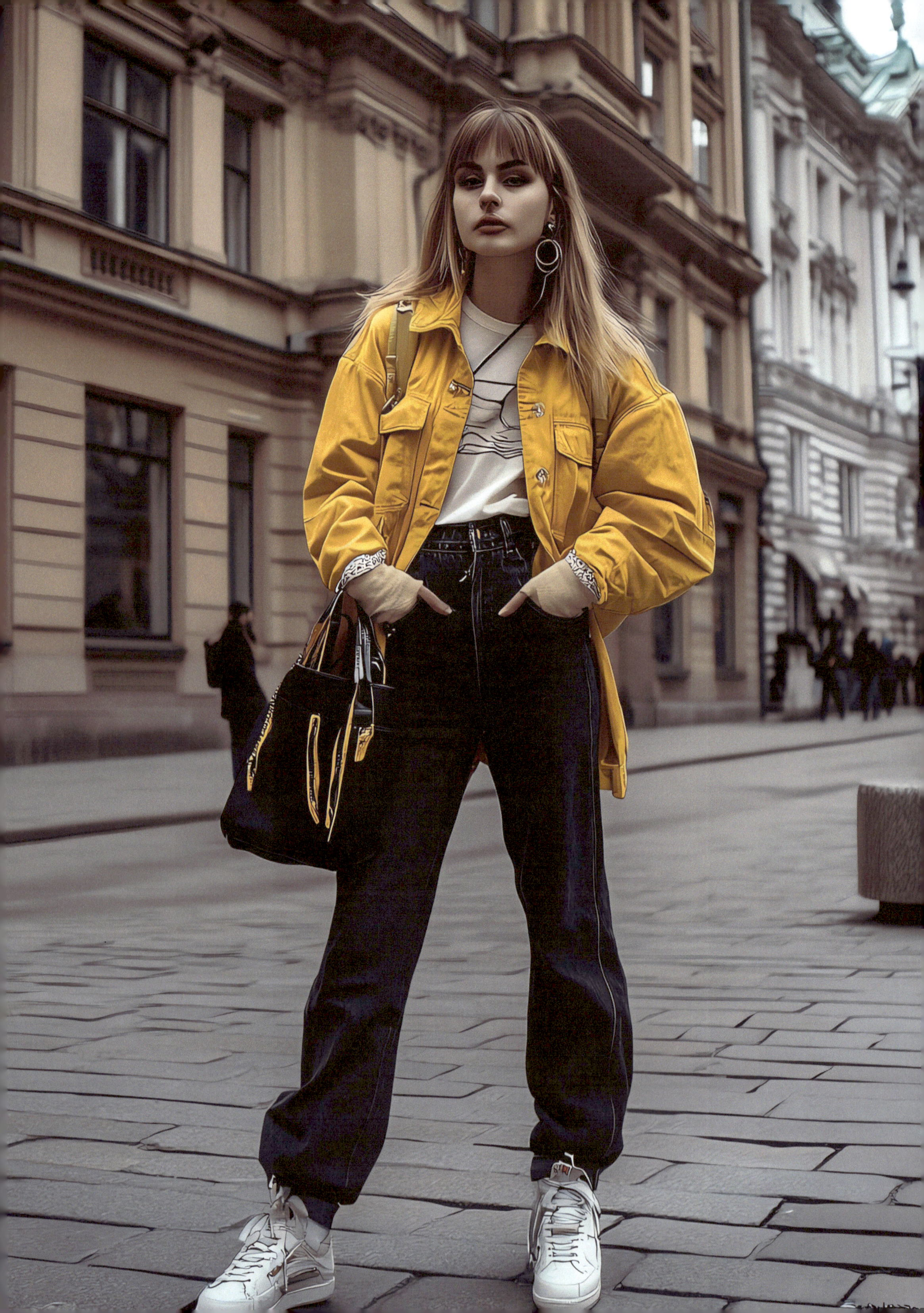

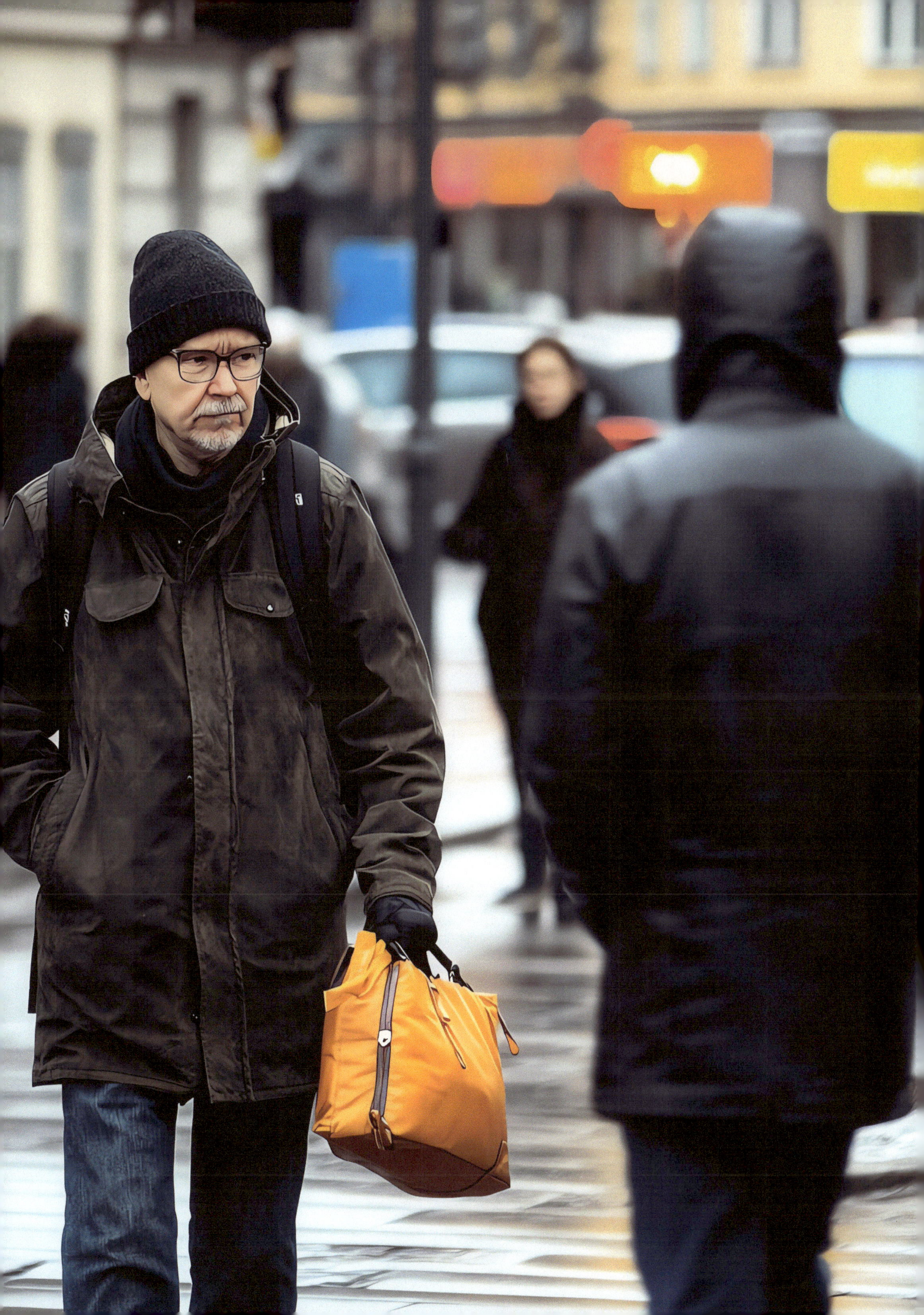

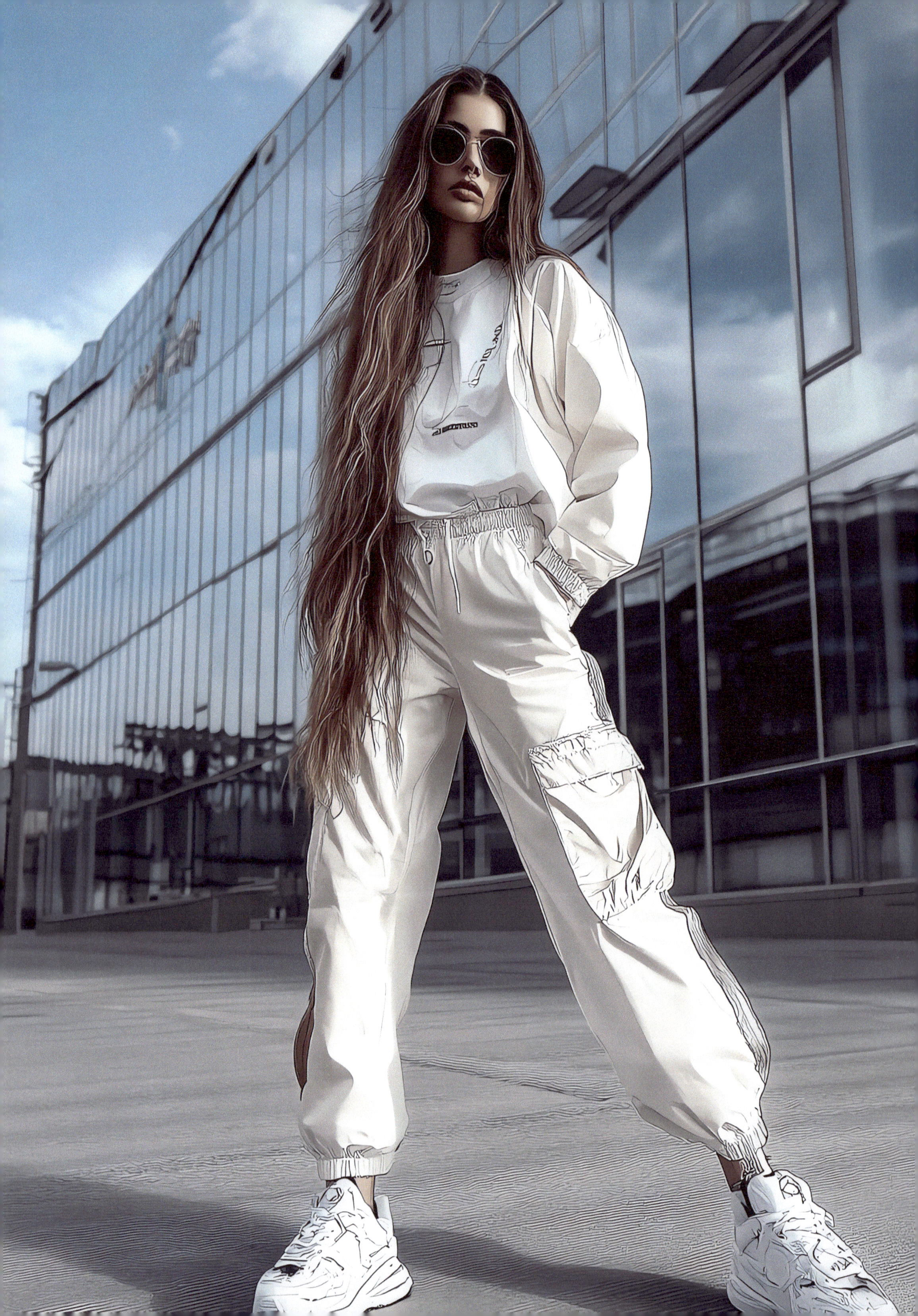

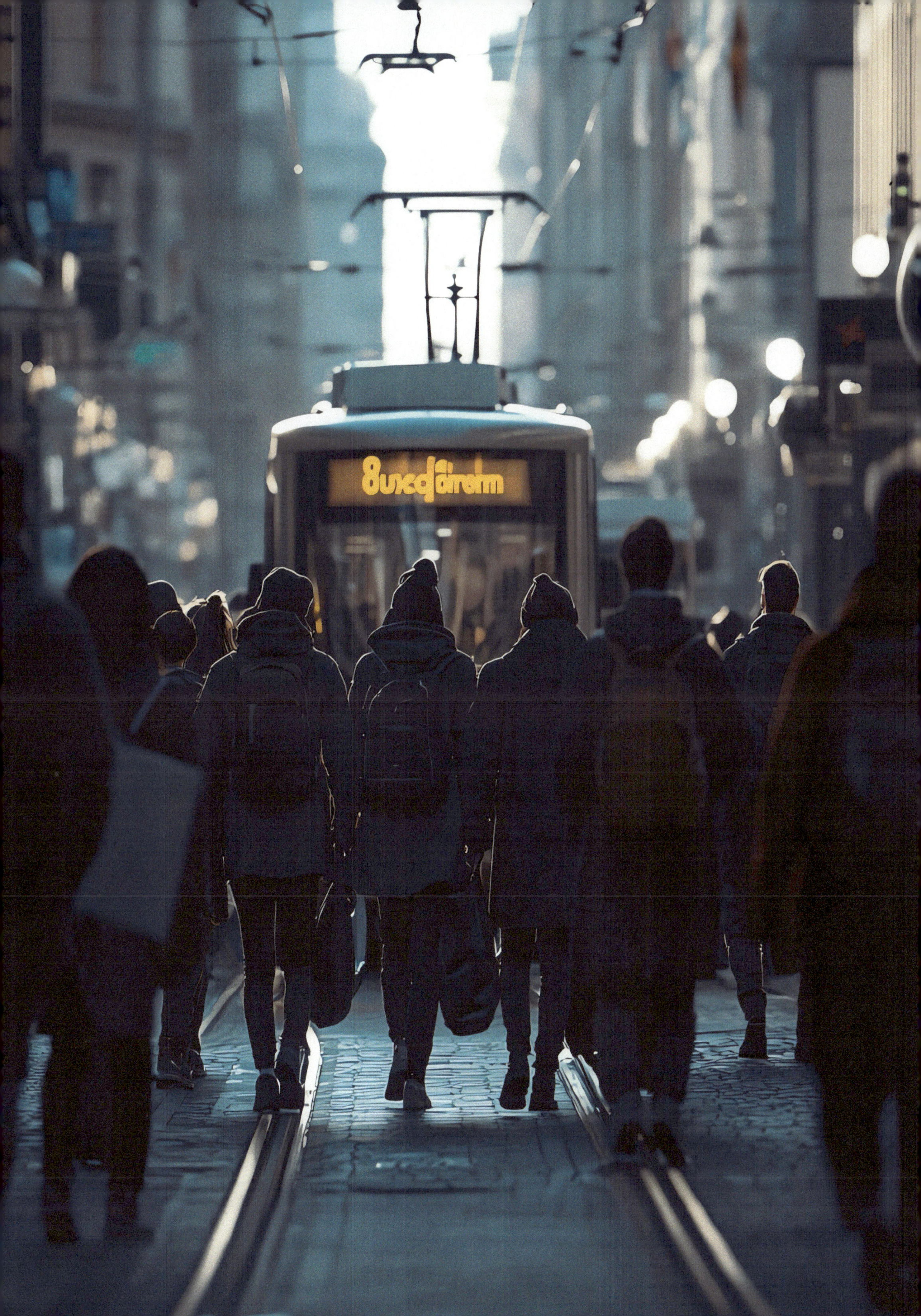

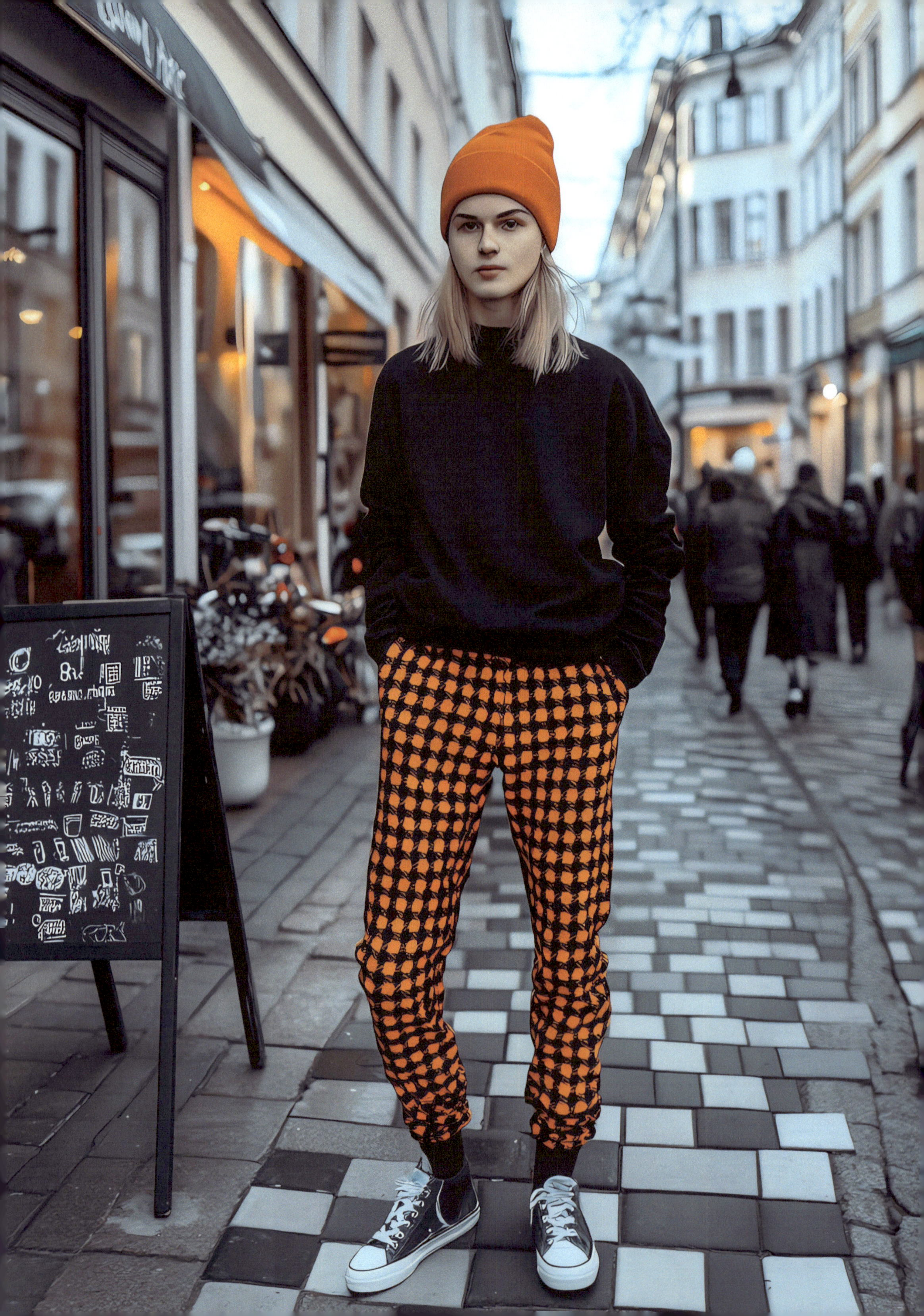

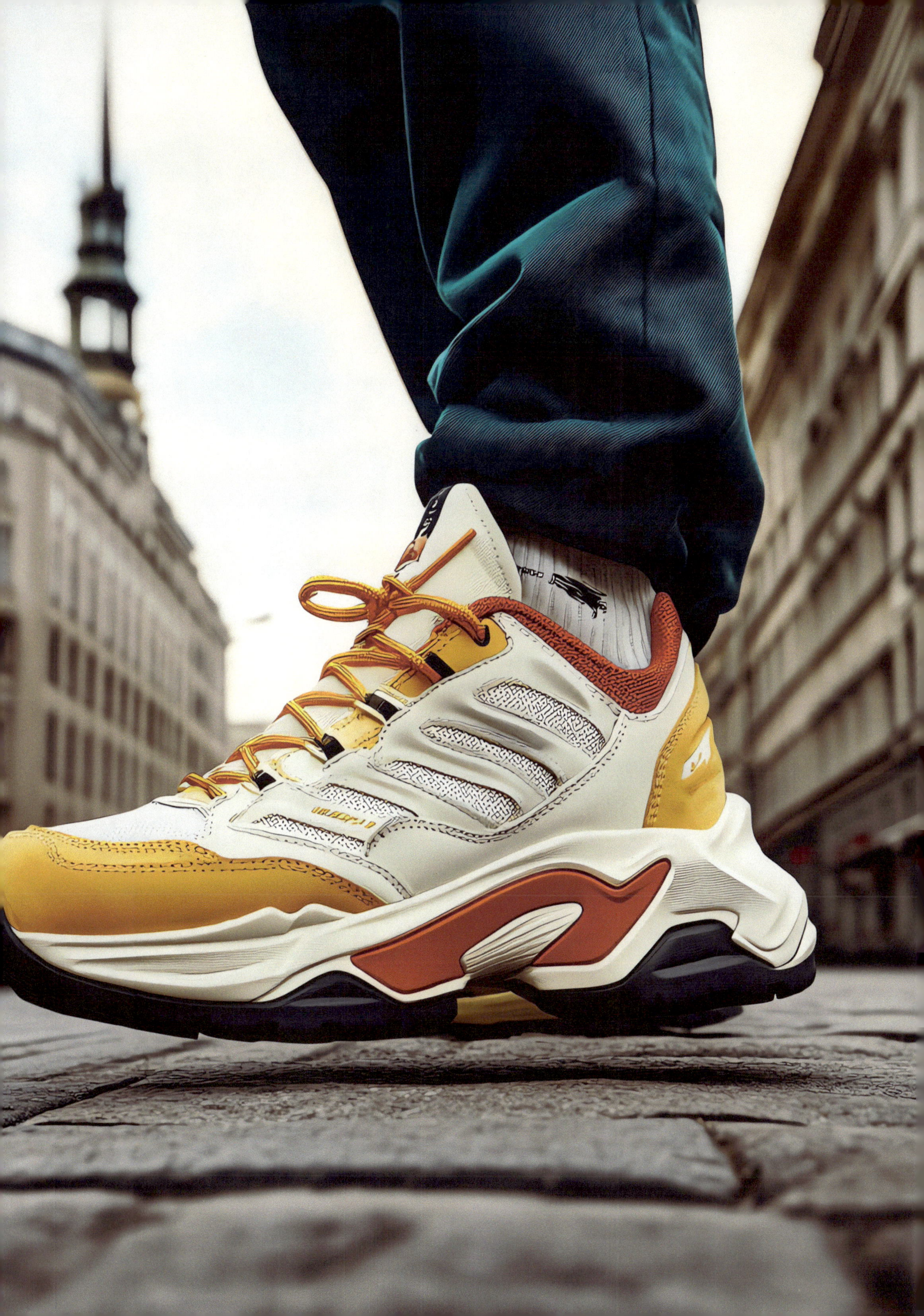

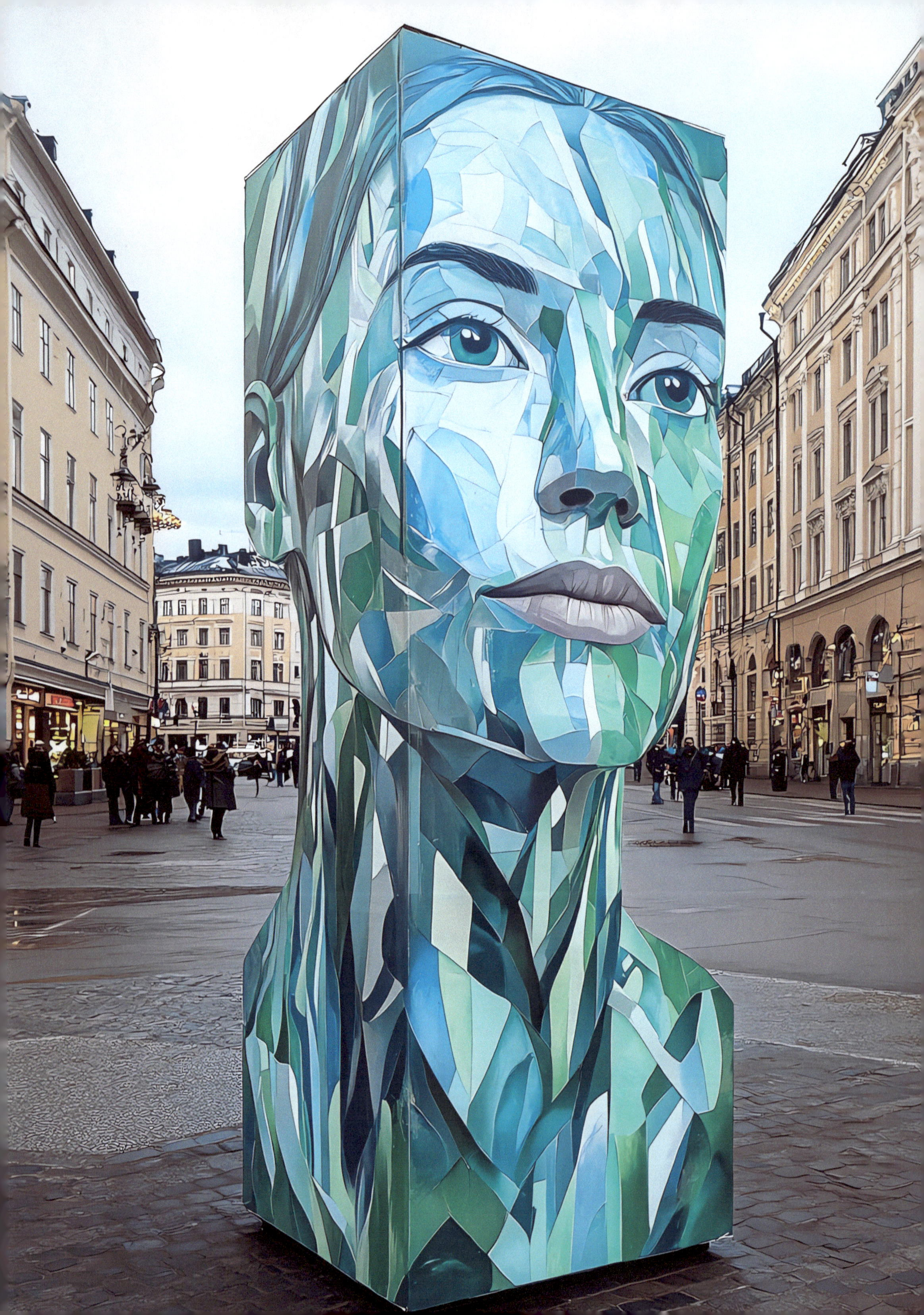

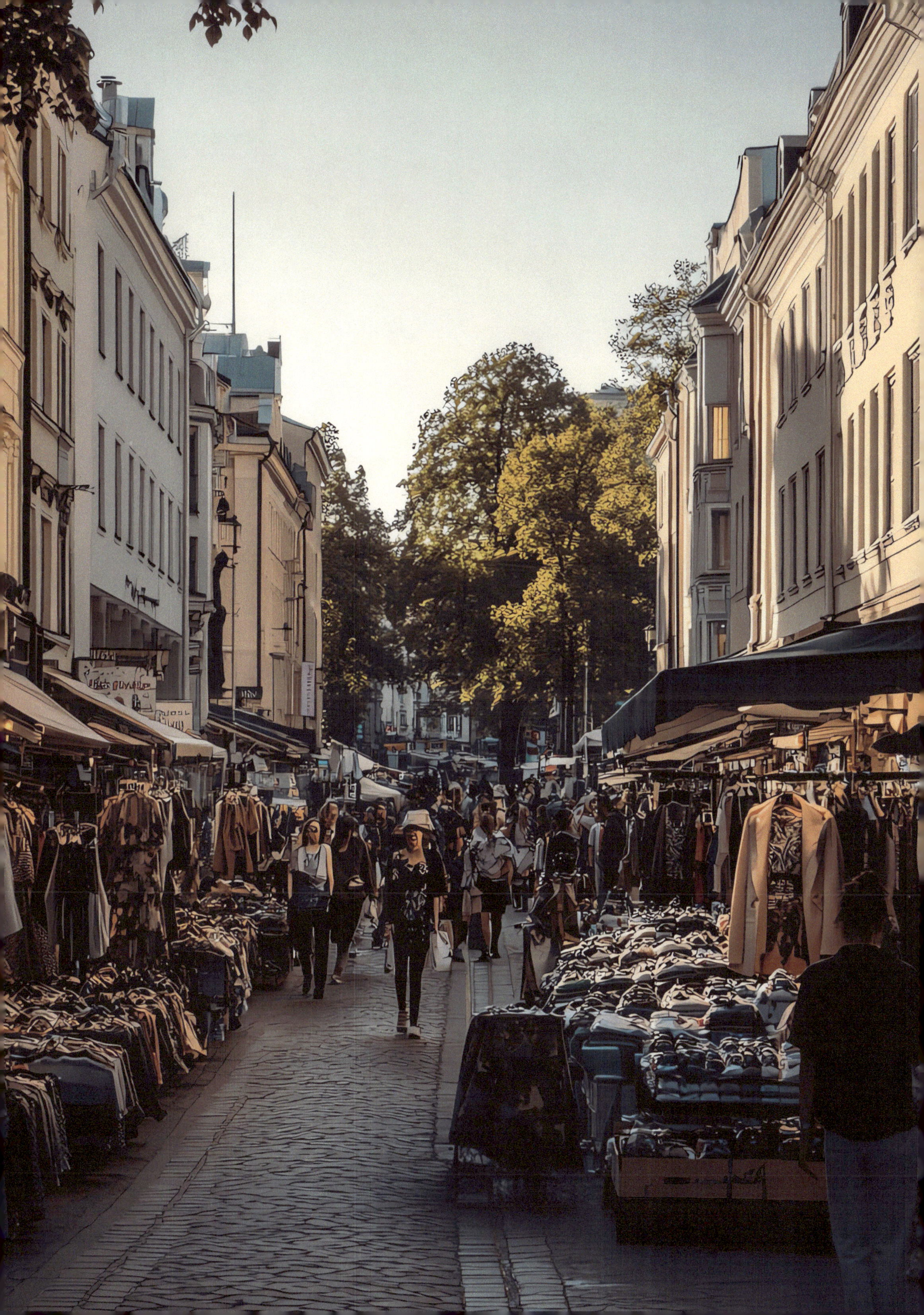

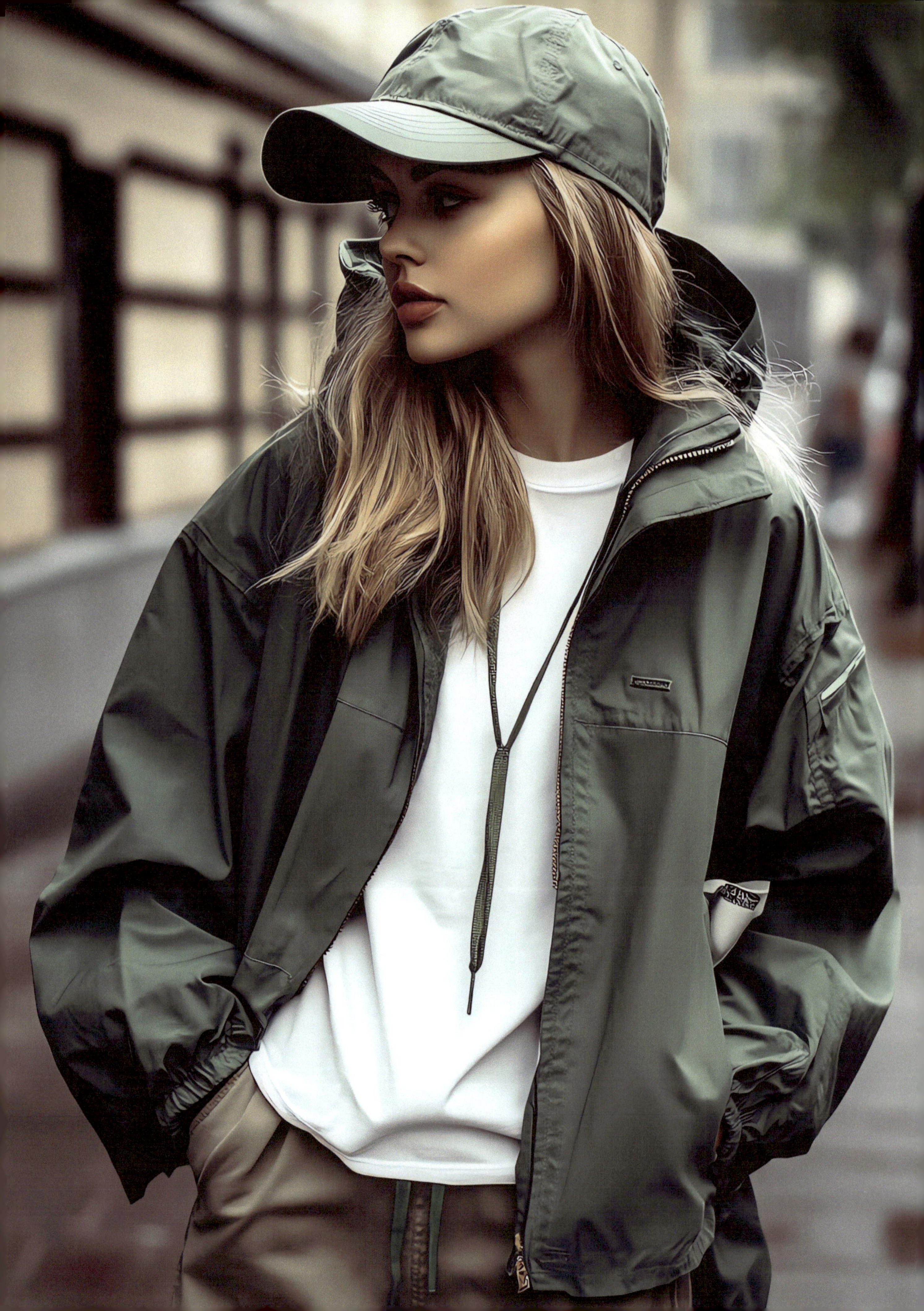

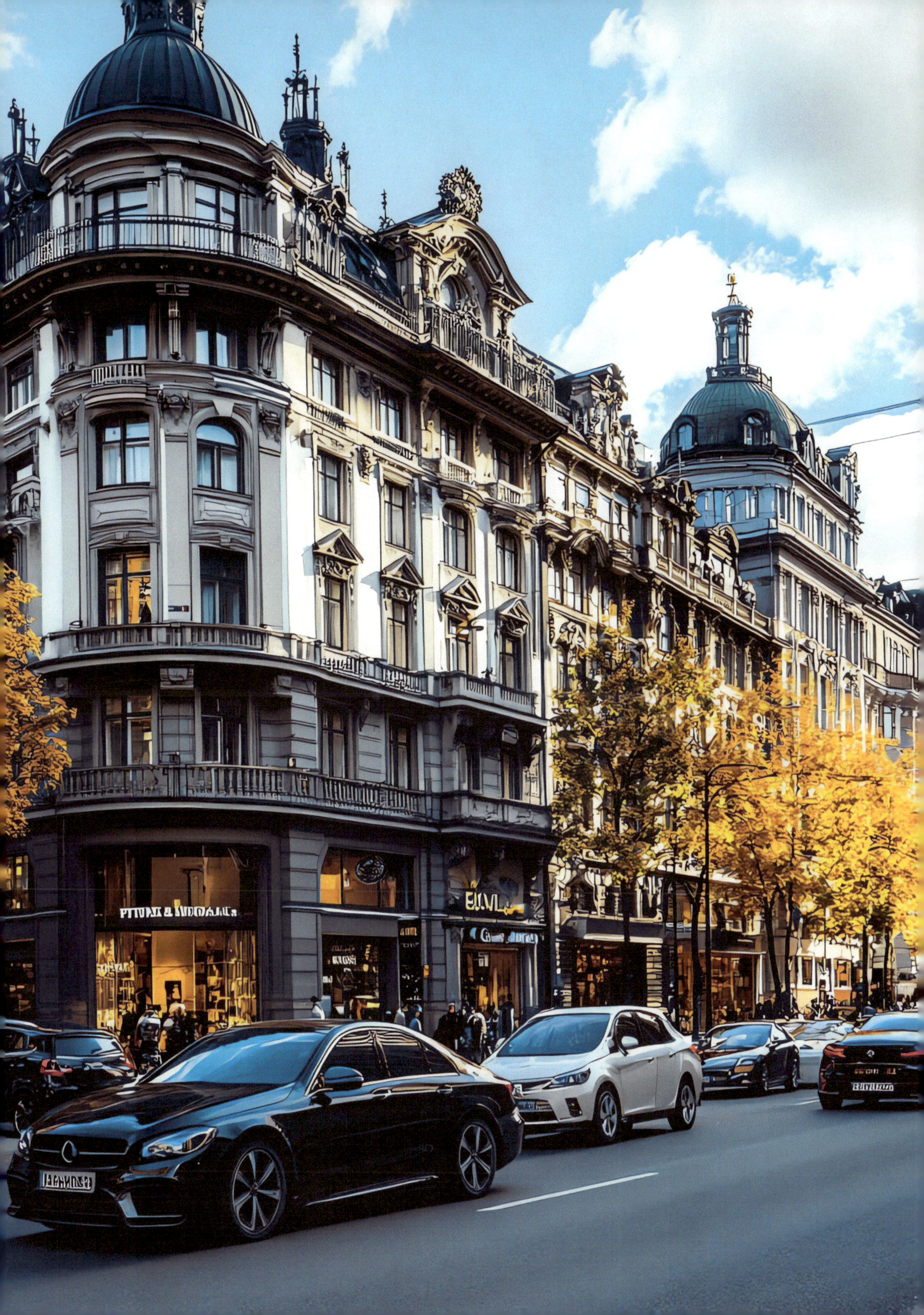

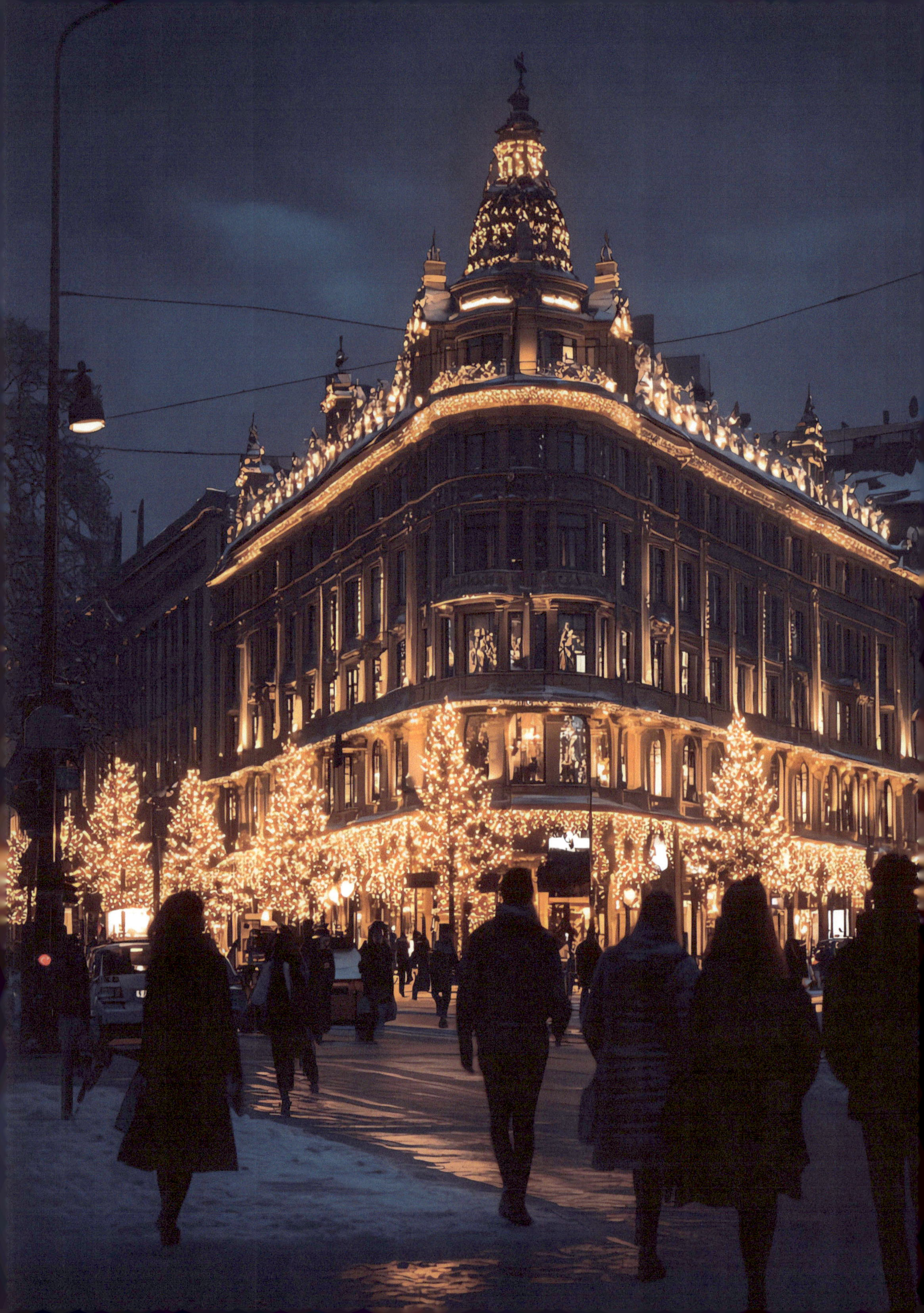

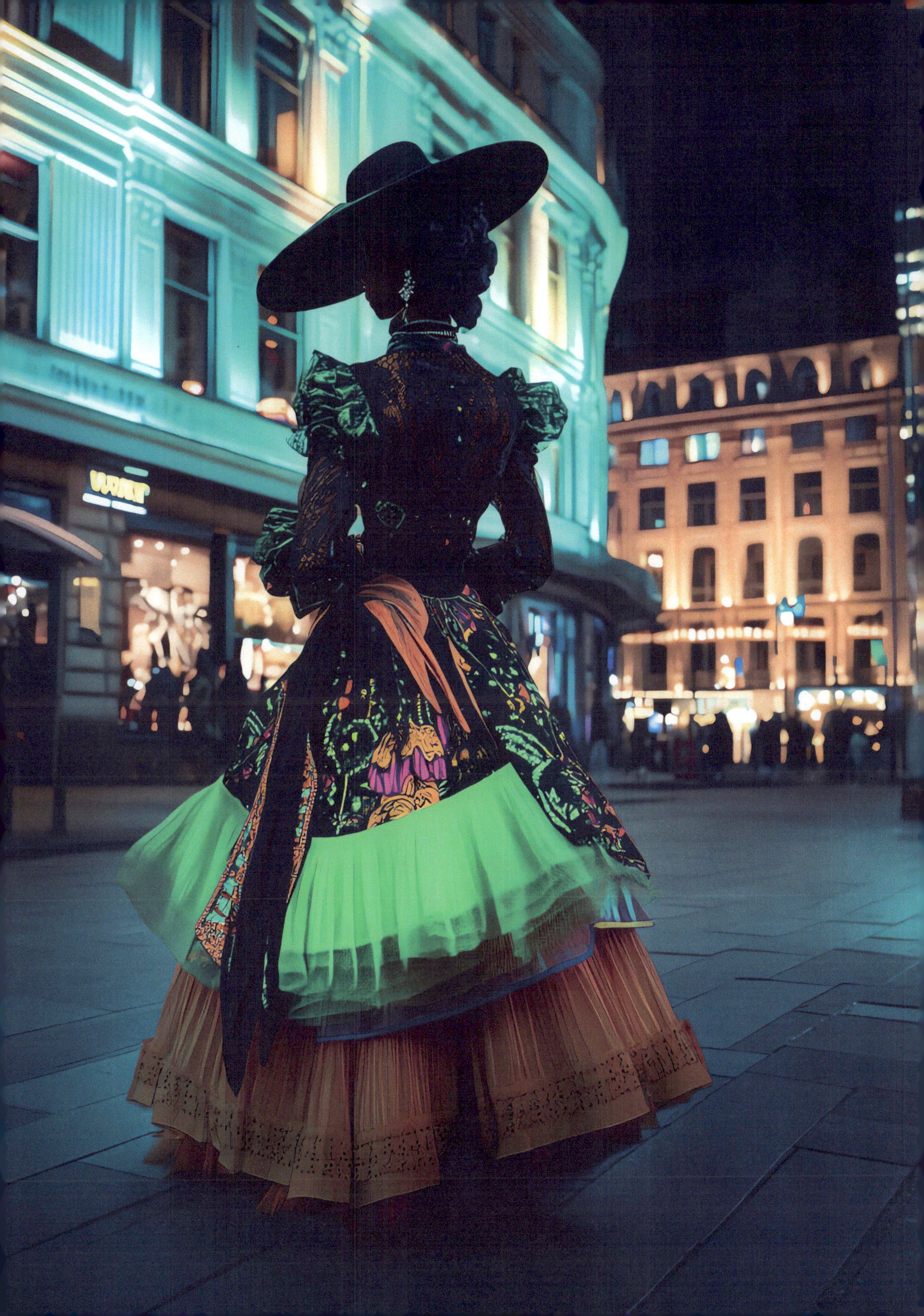

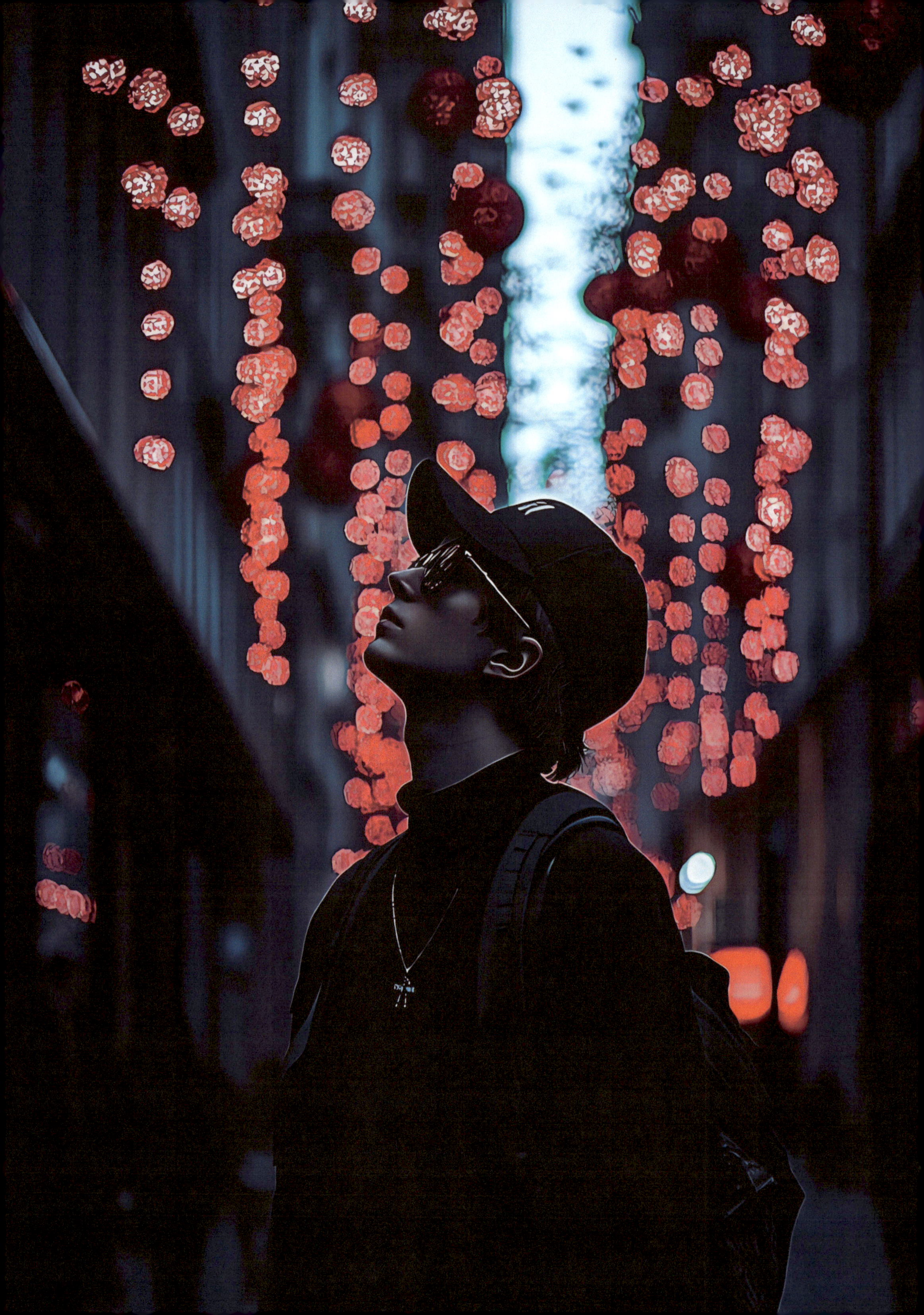

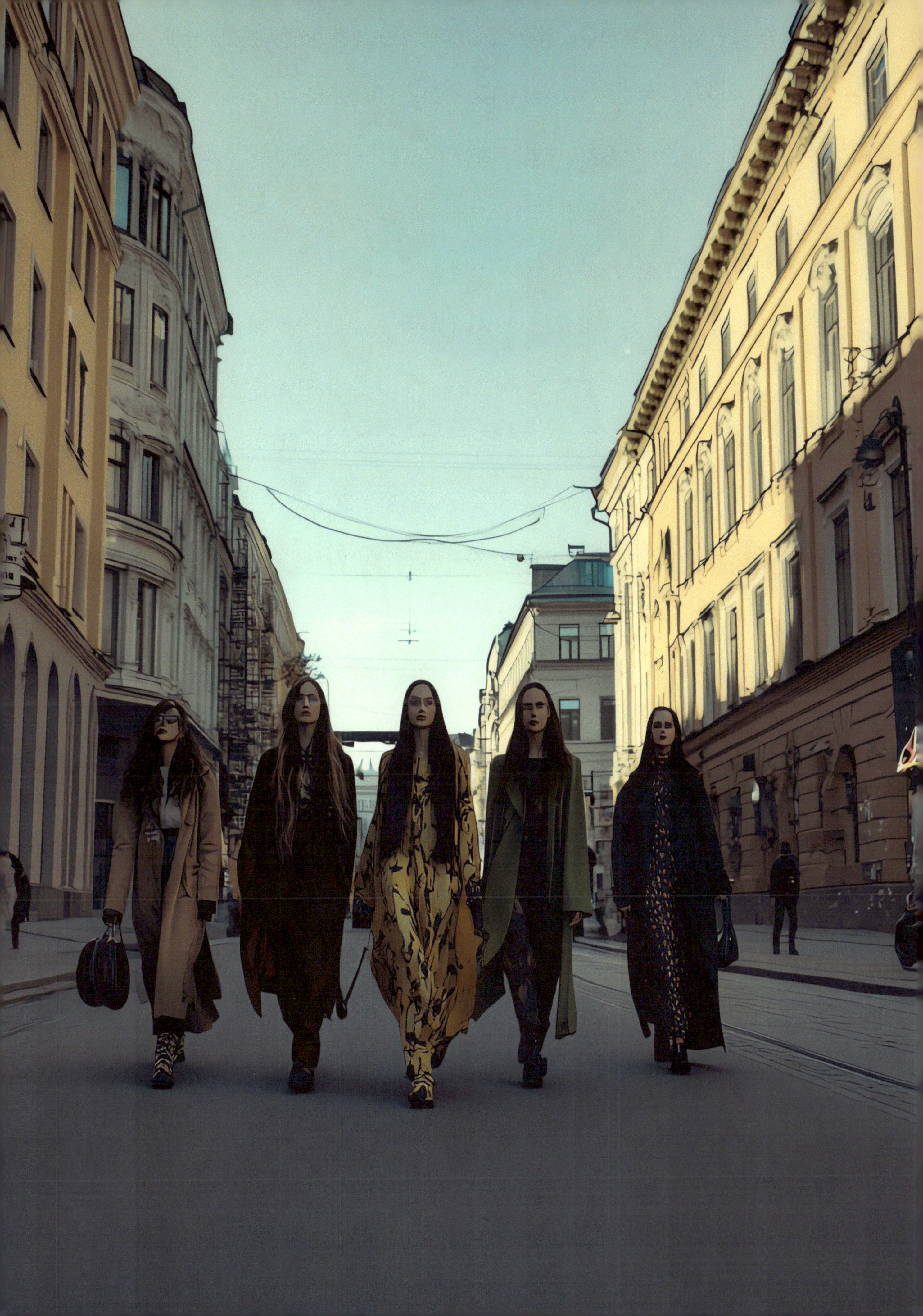

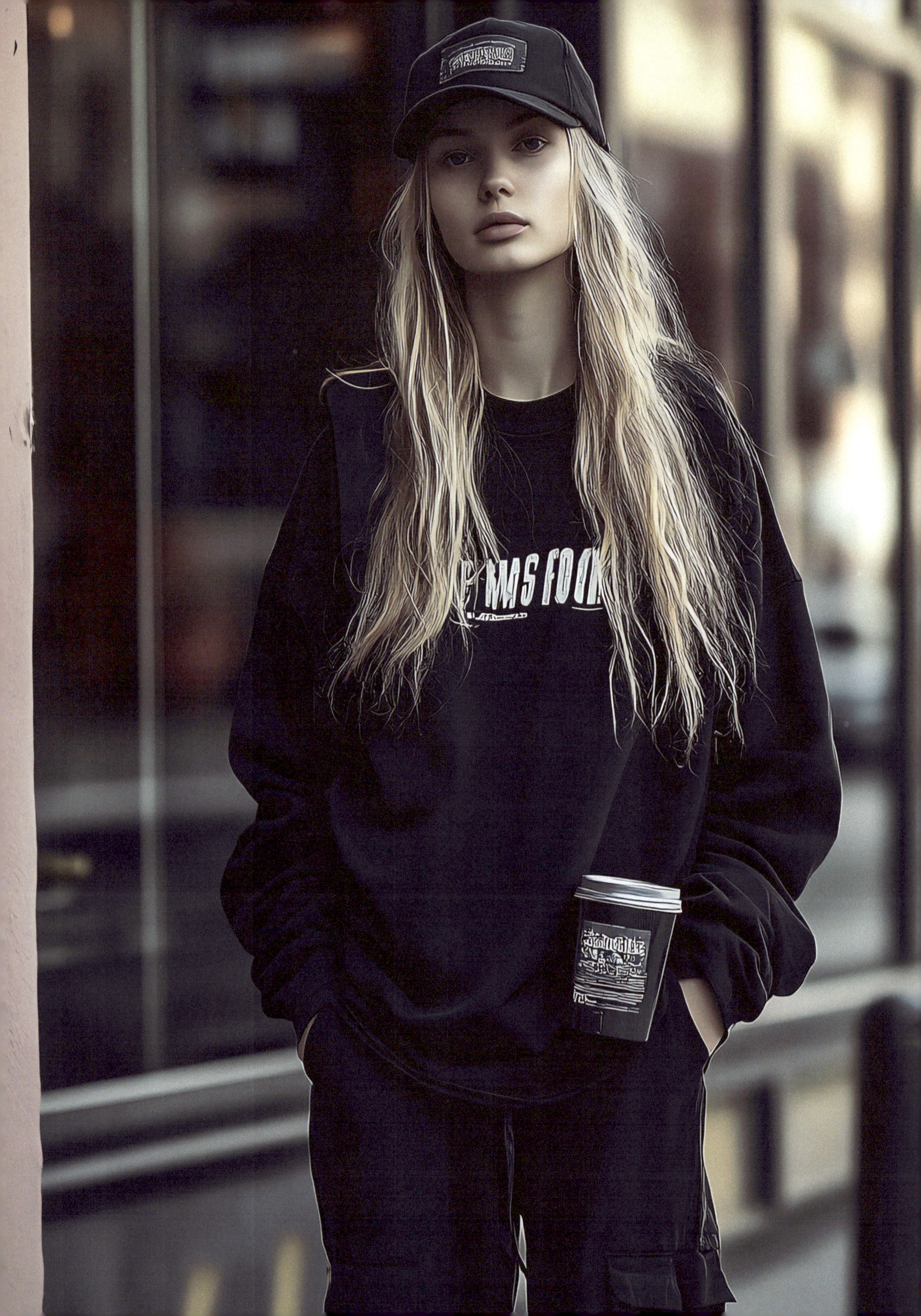

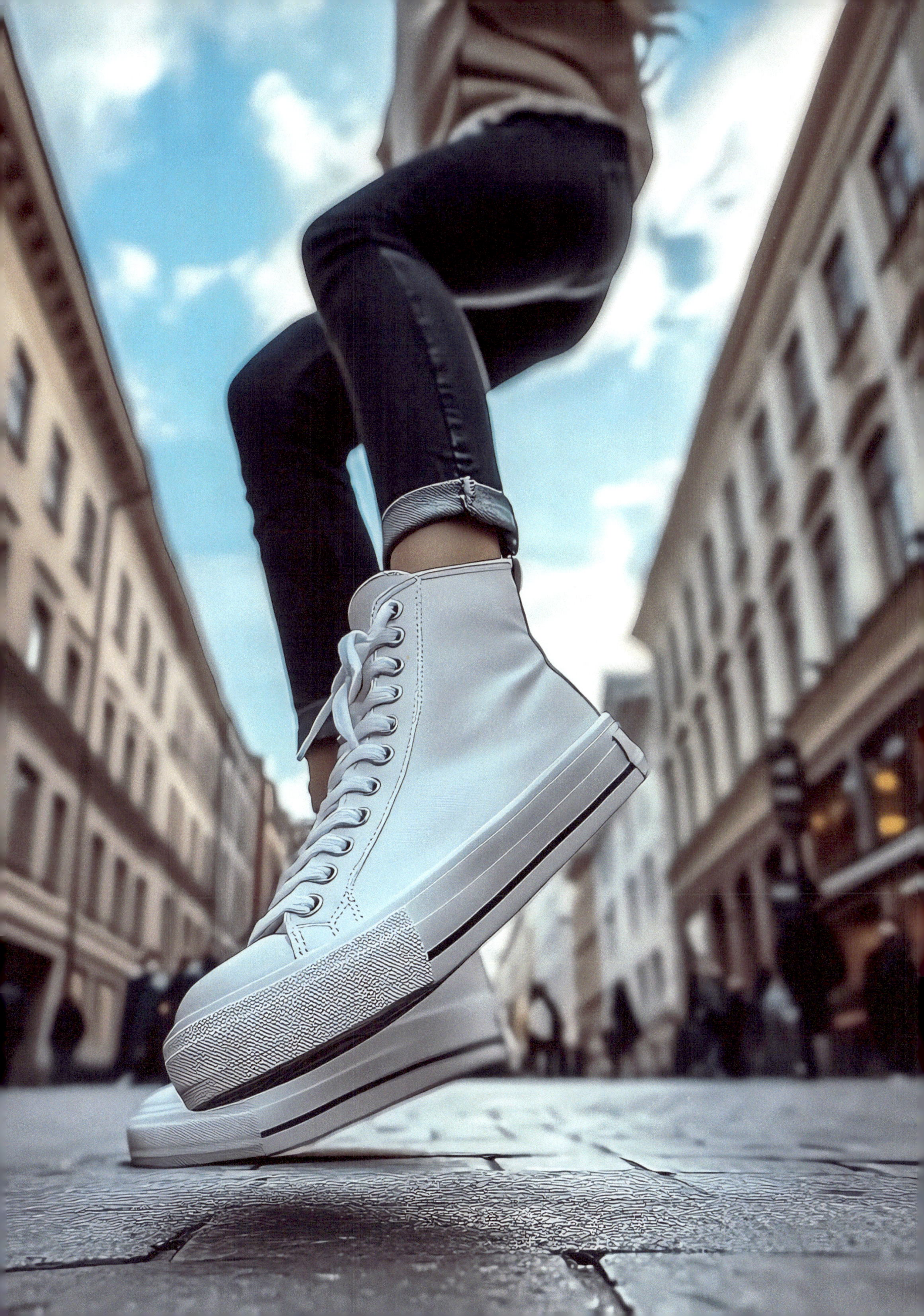

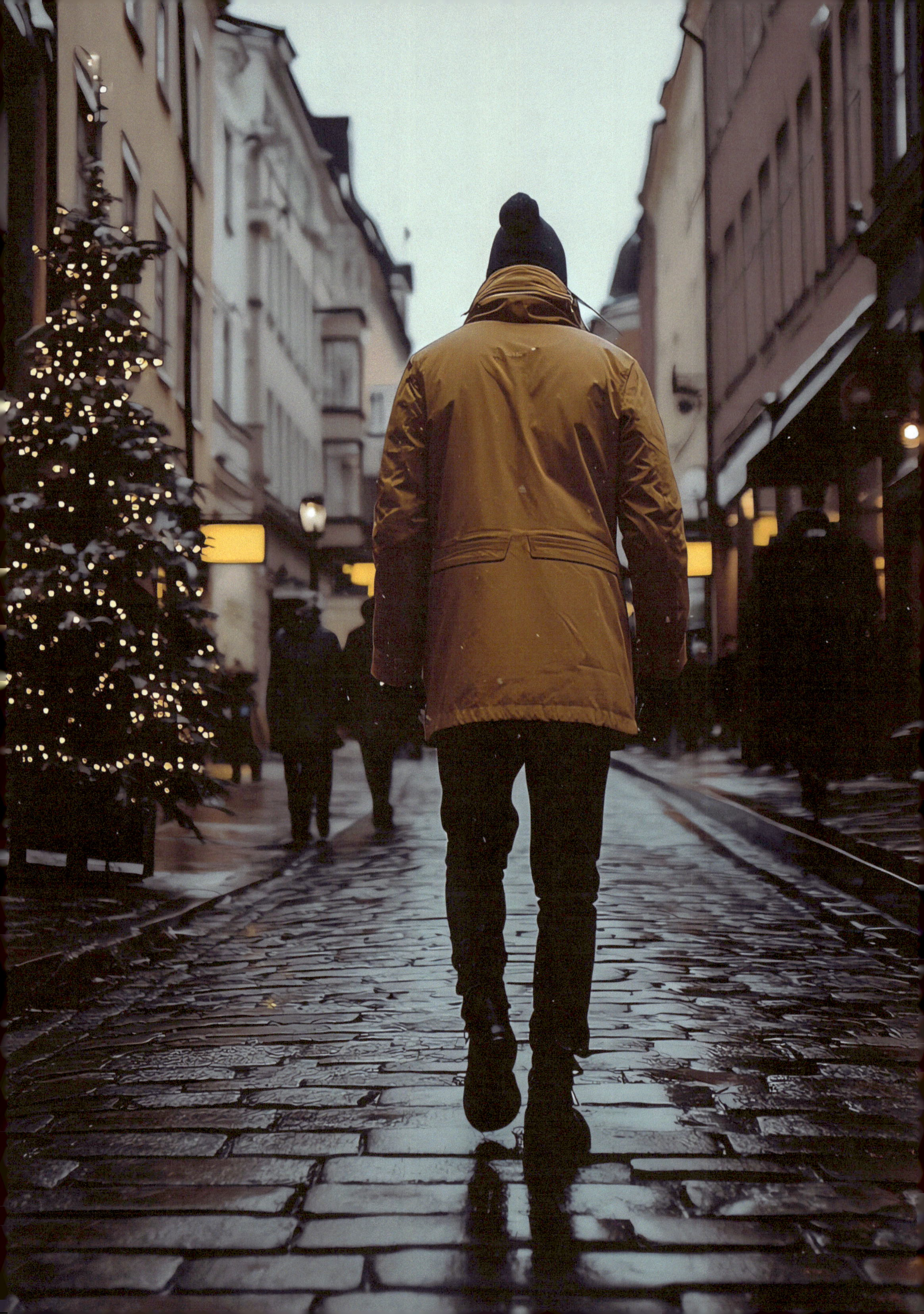